천년의 인생진리를 세상에 전할 177가지 비책

대산금오록

大山錦悟錄

| 천명편 上 |

저자 **대산 김중대**
(大山 金重大)

그러니까......
수억만 년 전 지구 태초이래 인류가 출현하면서 살아남기
위한 절대적 생존의 법칙들과 불멸의 명언, 성문, 격언, 속
담, 진리들이 생겨났다. 이것들은 수억만 년 전부터 우주
섭리와 함께 절대적 논리로 현세까지도 인류 생존을 인도
해 왔다.

따라서 과거 천년 전에 왔지만 현재도 적용되고 내일 백년
후 천년 후도 불변으로 진행된다. 그러므로 이것들을 숙지
하고 깨닫고 섭렵한다는 것은 십년 후, 백년 후를 훤히 내
다보며 가는 것과 같다.

만약 무지와 미개함으로 알지 못한다면 훤한 대낮인데도
깜깜한 밤에 불빛없이 길을 가는 것과 다름 없을 것이다.
그리고 만약 이에 역행한다면 반드시 상응한 재앙이 닥친
다는 것을 명심해야 한다.

지구촌 누구든지 출생하고 생존하는 날까지 고귀한 양질
의 삶을 추구하는 인생의 지침서가 되었으면 하는 조그만
한 소망으로 대산금오록은 그렇게 탄생되었다.

유형자산을 유지하고 보존하고 증식하는 데는 무형재산
인 지식과 지혜 없이는 불가능한 일이다.

여수 바다 속 조개 안에
감춰진 진리의 진주를 꺼내며

大山 金重大 仙師

목차 (目次)

1. 태산불사토양
泰山不辭土壤

태산불사토양 (泰山不辭土壤)
태산은
돌, 흙덩이, 나무 등을 사양하지 않는 까닭에
그 거대함을 이룰 수 있었고

하해불사세류 (河海不辭細流)
하해는
가는 물줄기, 맑은 물, 혼탁한 물을
사양하지 않는 까닭에
그 깊고 넓음을 이룰 수 있었습니다.
그러므로
바다와 산과 같이 넓은 아량과
포용력을 가지고 세상 모든 사람을 대해야 합니다.

군자염세인 (君者厭細人)
군자는 사람을 미워하지 않아
그 많은 무리를 이끌 수 있었습니다.

- 史記 -

2. 설니홍조 雪泥鴻爪

기러기가 눈이 녹은 진창 위에 남긴 발톱 자국이라는 뜻으로, 얼마 안 가서 그 자국이 지워지고, 또 기러기가 날아간 방향(方向)을 알 수 없다는 데서 흔적(痕跡·痕迹)이 남지 않거나 간 곳을 모른다는 말. 특(特)히 인생(人生)의 덧없음이나 희미(稀微)한 옛 추억(追憶) 등을 이르는 말입니다.

사람의 한 생은 기러기가 눈 쌓인 진흙밭에 잠깐 내려앉아 발자국을 남기는 것과 같습니다.^^*
자취가 남은들 어디서 찾겠습니까? 눈이 녹으면 그 자취마저 찾을 길이 없습니다.
여보게 아우님! 그 가파르던 산길을 기억하나요?
길은 끝없이 길고, 사람은 지쳤는데, 절룩거리는 노새마저 배가 고프다며 울어대던 그 길 말이죠. 이제는 그 기억을 추억하며.....
손녀 양말 사러 산본시장에 나갔다가 사 들고 온 영산포 홍어회 한접시에 지리산 소씨 아주머니 가양주 한잔을 목에 부어도, 新春 下手對局을 만방으로 이겨도 달래지지 않는 어쩌지 못할 부질없는 생각들...

인생도처지하사 (人生到處知何似)
응사비홍답설니 (應似飛鴻踏雪泥)
니상우연유지조 (泥上偶然留指爪)
홍비나부계동서 (鴻飛那復計東西)
노승이사성신탑 (老僧已死成新塔)
괴벽무유견구제 (壞壁無由見舊題)
왕일기구환지부 (往日岐嶇還知否)
노장인곤건려시 (路長人困蹇驢嘶)

- 소식(蘇軾)의 시(詩) -

인생 길 이르는 곳 무엇과 비슷한지 아시는가?
기러기 눈 내린 땅 위를 밟은 것과 비슷하다네.
진흙 위에 우연히 발자국 남기지만 기러기 날아 오른 뒤
그 간 곳이 동서 어디인지를 어찌 알리요.
노승은 이미 죽어 새탑이 되어 섰고 벽은 무너져 전에 쓴
시를 찾아볼 길이 없네.
지난 날 그 가파르던 산길을 아직도 기억하시는가.
길은 끝없이 길고 사람은 지쳤는데 절룩거리던 노새는
울어댔었지.

위의 시에서 '설니홍조'라는 사자성어가 나오게 됩니다.
여러분은 위의 시를 읽으시면서 '설니홍조'의 의미를 어
떻게 받아 들이셨나요? '눈 위에 난 기러기 발자국은 눈
이 녹으면 사라진다'는 말은 위의 시, 어디에도 없는데 '
설니홍조'의 사전적 의미는 '눈 위에 난 기러기 발자국 은
눈이 녹으면 사라진다는 뜻으로 인생의 자취가 흔적이
없음을 비유적으로 이르는 말'이 되었습니다.

오히려 위의 시를 그대로 풀이하면 '새의 발자국만 보고서 그 새가 동쪽으로 날아 갔는지 서쪽으로 날아 갔는지를 알려고 하는 것처럼 부질없는 짓이 없다.'라는 풀이가 정확한 풀이일 것입니다. 하지만 이것도 시를 읽고 음미한다는 의미에서는 조금은 그 멋과 맛이 떨어지는 해석이라고 할테지요.

인생길 이르는 곳이 무엇과 비슷한지 아십니까? 기러기 눈 덮힌 진흙 위를 밟고 날아 오르는 것과 비슷하지요. 설니, 즉 눈 덮힌 진흙 위에 그렇고 그런 발자국이야 남겠지만 기러기 날아 간 곳이 동쪽인지 서쪽인지 헤아린들 어찌 알리요. 그러나 땅 위의 사람들은 발자국만 보고서 그의 행적을 논하니 부질없기가 이보다 더할 수 있으리요. 하늘을 나는 새에게 날개 아닌 자국이 무슨 의미가 있다는 말인가요? 하물며 그 발자국 조차도 눈이 녹으면 지워져 버릴 진흙 위의 발자국인 바에야. 이미 죽어 버린 노승에 대해 그의 행적을 기린답시고 새로 세운 탑으로 떠받든다지만 정작 그의 덕을 기린 수 많은 시문은 무너져 내린 벽과 함께 찾을 수 없으니 이 얼마나 어리석고 안타까운 일입니까?

- 大山 -

3. 불취무귀 不醉無歸

"술에 취하지 않으면 집에 가지 않는다"

조선 제22대 정조대왕(正祖大王)은 화성(華城) 축성 당시에 기술자들을 격려하기 위한 회식 자리에서 '불취무귀(不醉無歸)'라고 하였습니다. 즉, 취하지 않으면 돌아가지 못한다는 말입니다. '불취무귀(不醉無歸)'란 실제 취해서 돌아가라고 한 말이 아니라 자신이 다스리는 백성들 모두가 풍요로운 삶을 살면서 술에 흠뻑 취할 수 있는 그런 아름다운 세상을 만들어 주겠다는 의미입니다. 한편, 아직도 그런 사회를 만들어주지 못한 군왕으로서의 자책감과 미안함을 토로한 것입니다.

조선의 왕들 중 정조는 술을 굉장히 좋아했습니다. 특히 서민들이 즐겨 마시는 탁주를 좋아했으며 주안상에는 기름진 고기 안주보다는 민초들이 먹는 소박한 푸성귀 안주를 즐겼습니다. 근엄한 왕이 아니라 백성들과 술잔을 기울이며 그들의 말을 귀담아 듣겠다는 인간 정조의 모습을 엿볼 수 있습니다.

정조는 어느 날 과거시험에 합격한 성균관 유생들을 창덕

궁 희정당으로 초대한 후 "옛 사람들은 술로 취하게 한 뒤에 그 사람의 덕을 살펴본다고 하였습니다. 오늘 취하지 않은 사람은 결코 돌려보내지 않겠으니 각자 양껏 마시도록 하시오."(정조실록)라고 했습니다. '불취무귀(不醉無歸)' 정조의 건배사로 유명한 글귀입니다. 정조의 이 말은 "백성 모두가 풍요로운 삶을 살면서 술에 마음껏 취할 수 있는 그런 아름다운 세상을 만들어 주겠다"는 의지를 표현한 것입니다.

이와 함께 '불취무귀'라는 글귀에는 심각한 붕당 간 대립을 완화하려는 정조의 고육지책이 숨어있기도 합니다. 정조는 당시 노론과 서론이 서로 대립각을 세우며 '당색이 다르면 조문(弔問)도 하지 않는다고 할 정도로 서로를 원수 보듯 해, 주요 국책사업이 번번이 무산되는 지경이었습니다. 정조는 어떤 식으로든지 갈라진 사람들의 마음을 하나로 묶어야 했고 술자리는 그러한 의미로 마련된 것이었습니다.

정조는 여러 붕당의 젊은 유생들을 한 자리에 모이게 해 왕이 친히 내린 술을 마시고 서로 어우러지게 하는 계기를 만들려고 노력했습니다. 하지만 이러한 정조의 노력에도 붕당 간 협력은 잘 이뤄지지 않았습니다.

- 大山 -

4. 창승부기미치천리
蒼蠅附驥尾致千里

"쇠파리도 천리마 꼬리에 붙으면 천리를 간다."
- 史記 伯夷傳 -

한평생을 살면서 누구를 만나느냐에 따라 삶이 바뀔 수 있다는 말이 있습니다. 2천여 년 전에 편집된 사마천의 '사기'에 나오는 글귀입니다.

소나무가 대저택을 짓는 대목수를 만나면 고급 주택의 목재가 되지만 동네 목수를 만나면 고작 오두막이나 축사를 짓는데 쓰입니다.

사람은 세상에 태어나는 순간부터 만남이 시작됩니다. 산다는 것이 곧 만남이고 새로운 만남은 인생에 새로운 전기를 가져다주고 관계를 만들어 갑니다. 사람의 행복과 불행이 만남을 통해서 결정됩니다.

속담에 "향 싼 종이에는 향내 나고 생선 싼 종이에는 비린내 난다"는 말도 있습니다. 만나면 만날수록 영성이 깊어지고 삶이 윤택해지는 만남이 있습니다. 그야말로 삶의 향기가 묻어나오는 만남입니다. 그런가 하면 만날수록 사람의 본성은 점점 더 황폐하게 하고 오염시켜 범죄케 하는 사람도 있습니다.

꽃송이처럼 화려할 때만 좋아하고 권력과 힘이 있을 때만
환호하고 시들면 내버리고 힘이 사라지면 등을 돌리는
약삭 빠른 만남도 있습니다.

세상을 살다보면
별일이 다 있듯이
별사람도 많으나,
당신과의 만남은
그저 축복이다.

오늘도 축복 속에 행복한 인연 만드시기를 기원합니다.

- 大山 -

5. 수목등도화사
樹木等到花謝

—

樹木等到花謝 (수목등도화사) 能結果 (능결과)
나무는 꽃을 버려야 열매를 맺고,

江水流到舍江 (강수유도사강) 能入海 (능입해)
강물은 강을 버려야 바다에 이를 수 있으며,

人生身到貪慾 (인생신도탐욕) 能立仙 (능입선)
사람은 자신의 욕심을 버려야
신선에 이를 수 있습니다.

- 大山 -

6. 천인소지무병이사
千人所指無病而死

**"여러 사람에게 손가락질을 당하면
병이 없어도 죽고 앓지 않아도 죽는다"**

漢書(한서) 王嘉傳(왕가전)에 보입니다.

天若改常 不風卽雨
人若改常 不病卽死
천약개상 불풍즉우
인약개상 불병즉사

하늘이 만약 상도를 어기면 바람 아니면 비가 오고, 사람
이 만약 상식을 벗어나면 병이 없어도 죽습니다. 하늘
이나 사람이나 상식을 벗어나면 바람이 없어도 비가 오고
병이 없어도 죽음을 맞게 됩니다. 하늘이 도와 사람의 도
를 벗어나는 것을 경계하여 상도(常道)를 지키라는 말입
니다. 천지인삼재가 각각 그 바탕이 되는 도가 있으니 이
상도에서 벗어나면 재앙이 따르기 마련입니다. 바람도
불고 비도 와야 하지만 이 상태가 계속된다면 자연은 질
서를 잃게 되는 것처럼, 사람에 있어서도 병도 걸리고 죽
음도 찾아오지만 때를 벗어나 찾아오면 인생을 잘 마무
리하기 어렵습니다.

이처럼 사람도 상도를 벗어나지 않고 잘 지켜 인간완성의
길을 찾는 것이 사람의 본분입니다.

不知其人 視其友 (부지기인 시기우)
그 사람을 알지 못하거든 그 친구를 보라.

不知何終 雲雨其云 (부지하종 운우기운)
어느 구름에 비가 온다든가?

- 大山 -

7. 수유칠덕 水有七德

노자에 수유칠덕이라고 인간이 살아가며 지켜야 할 도리를 이야기합니다. 인간 수양의 근본은 물이 가진 일곱 가지의 덕목에서 찾아야 한다고 하셨으니 물을 보고 그냥 흘러가는 구나에서 그치지 않고 물의 성질과 보이지 않는 물의 덕까지 살피며 사람의 근본인 덕을 배워보는 것도 중요한 공부가 아닌가 하는 생각을 해봅니다.

수유칠덕 (水有七德)

첫째는 낮은 곳을 찾아 흐르는 겸손(謙巽)의 덕
둘째는 막히면 돌아갈 줄 아는 지혜(智慧)의 덕
셋째는 구정물도 받아주는 포용(包容)의 덕
넷째는 어떤 그릇에나 담기는 융통(融通)의 덕
다섯째 바위도 뚫는 끈기와 인내(忍耐)의 덕
여섯째 장엄한 폭포처럼 투신하는 용기(勇氣)의 덕
일곱째 흘러 흘러 바다를 이루는 대의(大義)의 덕

물은 적당하게 흐르면 한없이 편안하고 여유롭지만 홍수와 호우는 자연의 두려움을 알게 해주기도 합니다.

집중 호우가 내린 계곡은 모든 걸 집어 삼킬듯 요란한 광음을 내며 난폭하게 흘러갑니다.

흐르는 물을 자세히 관찰해보면 수유칠덕에 대한 말씀이 그대로 보입니다. 높은 곳에서 아래로 아래로 흐르는 겸손함과 부딪히면 돌아가고 넘치면 흘러내리는 지혜로움이 있으니 사람의 관계에서 지혜로운 것처럼 현명한 일은 없을 것입니다.

- 大山 -

8. 두강해우 杜康解憂

"술로 근심을 풀다"

두강(杜康)은 '술'을 달리 이르는 말로, 옛날 중국에서 술을 최초로 빚었다는 사람의 이름에서 유래합니다.

건안 13년(서기 208년) 11월 보름날 밤, 조조는 장강의 수채에서 장수들을 거느리고 큰 배에서 강에 제사 지낸 뒤, 큰 잔으로 세 잔 술을 거푸 마시면서 자신의 인생역정을 되돌아보고 그 감회를 서술합니다.

"황건적을 격파하고 여포를 사로잡았으며 원술을 멸망시키고 원소의 땅을 차지했고,
[破黃巾 擒呂布 滅袁術 收袁紹]
장성 밖까지 멀리 원정한 뒤, 곧바로 요동을 치면서 온 천하를 종횡으로 누비었으니 이 정도면 결코 대장부의 뜻을 펴지 못했다 할 수 없으리라!"

조조는 달빛 어린 장강의 밤 경치에 흥이 도도하여 뱃전에 기대어 다음의 노래를 부릅니다.

對酒當歌 人生幾何
술 마시고 노래하니 인생이 얼마인가?

誓若朝露 去日無多
아침 이슬 같으니 이제 곧 떠나리.

慨當以慷 憂思難忘
분개할 일 걱정할 제, 근심 잊기 어려우니

何以解憂 唯有杜康
이 근심 어이 풀리오. 오직 술이 있을 뿐!

54세 조조의 인생 감회와 포부가 담긴 노래였습니다.
그리고 10년 후 조조는 천하를 두고 죽습니다.

- 大山 -

9. 난득호도경 難得糊塗經

정판교(鄭板橋, 1693~1765)의 '難得糊塗經(난득호도경)'의 시 내용이다. 호도경이란 '바보경'이라 할 수 있다.

聰明難 糊塗難 (총명난 호도난)
"총명하기도 어렵고 어리석게 보이기는 더욱 어렵다"

由聰明轉入糊塗更難 (유총명전입호도갱난)
"총명한 사람이 어리석게 보이기는 더욱 어렵고 어리석은 사람이 총명한 척 보이게 하려고 해도 어색하고 더더욱 어려운 일이다"는 말이 됩니다.

放一着 退一步 當下必安 (방일착 퇴일보 당하필안)
"모든 집착을 버리고 한 걸음 물러서 마음을 놓아버리면 편안해진다."

非圖後來福報也 (비도후래복보야)
나중에 복을 받고자 도모함이 아니라는 뜻으로 가끔은 바보인 척, 때론 멍청한 척, 모자란 척, 많은 일을 하면서도 적게 일한 척, 많이 가졌으면서 적게 가진 척해야 인생 살아가기가 편하다는 정판교의 '지혜와 철학'을 엿볼 수 있는 내용입니다.

'난득호도'는 현재 13억 중국인들의 '좌우명'으로 쓰이고 있다고 합니다. - 大山 -

10. 多門之室生風
多口之人生禍

다문지실생풍 다구지인생화

― 창이 많은 방에 바람이 많듯이 말이 많은 사람은 입에서 재앙을 낳게 됩니다.

시리아의 북쪽에 위치한 타우라스 산 정상은 조류의 제왕인 독수리들이 터를 잡는 서식지로 유명합니다. 타우라스 산은 척박하여 독수리들은 사냥할 먹이가 많지 않았지만, 그중에 1년에 두 차례씩 이곳을 넘어서 이동하는 두루미들을 공격해 허기진 배를 채우곤 합니다. 그런데 독수리의 먹이가 되는 것은 그냥 날아가지 않고 끊임없이 울어대며 날아가는 두루미 덕분에 독수리들은 그 소리를 듣고 쉽게 두루미를 찾아 사냥을 합니다.

하지만 나이가 많은 노련한 두루미들은 산을 넘는 동안 거의 희생되지 않고 무사히 살아남습니다. 그 이유는 나이 든 두루미들은 산을 넘기 전에 돌멩이를 입에 물고 하늘을 날기 때문입니다. 입에 문 돌의 무게만큼 무거운 침묵이 두루미를 안전하게 지켜준 것입니다.

때론 침묵이 말보다 값진 것이 되기도 합니다. 함부로 내뱉은 말은 상대방을 공격하게 되고 다시 나를 공격하게 만드는 근원이 됩니다. - **大山** -

11. 인생삼락 人生三樂

상촌(象村) 신흠(申欽)

─

문을 닫고 마음 가는 책을 읽는 것,
문을 열고 마음 맞는 객을 맞는 것,
문을 나서 마음 드는 곳를 찾는 것,
이게 바로 인생의 세 즐거움이라.

閉門閱會心書 (폐문열회심서)
開門迎會心客 (개문영회심객)
出門尋會心境 (출문심회심경)
此乃人間三樂 (차내인간삼락)

- 상촌(象村) 신흠(申欽) -

**

문을 모티브로 하여 인생의 즐거움 세 가지를 나누어 말합니다. 매우 재미있는 관점입니다.

문을 닫으면, 혼자만의 공간에서 자신만의 시간을 누립니다. 책과 사색을 즐기기 좋습니다. 지혜를 충전하는 즐거움입니다. 둘째는 문을 열어 객을 맞습니다. 곧 마음이 통하는 벗을 만나는 즐거움입니다.

셋째는 문 즉 집을 나서 마음에 드는 좋은 경치의 산하를 찾습니다. 자연의 아름다움을 즐기는 것입니다.

그래서, 인생 최고의 즐거움 세 가지는 지혜, 벗, 자연과 각각 함께 하는 즐거움입니다.
가히 삼위일체형 인생삼락이라 할 만합니다.

**

상촌(象村) 신흠(申欽, 1566~1628, 명조~인조)은 선조 때 4대 문장가 월상계택(月象谿澤) 중 한 사람으로서, 선조가 영창대군을 부탁한 유교칠신의 한 사람(박동량, 서성, 신흠, 유영경, 한응인, 한준겸, 허성). 광해군 때 파직 후 유배되었다가 인조반정 이후 영의정까지 오름. (*월상계택(月象谿澤):月沙 이정구(李廷龜), 象村 신흠(申欽), 谿谷 장유(張維), 澤堂 이식(李植)).

**

오동나무는 천년을 늙어도
잘 알려져 있는 이 시도 상촌 신흠의 작품입니다.

桐千年老恒藏曲 (동천년노항장곡)
오동나무는 천년을 늙어도 곡조를 늘 품고 있고
梅一生寒不賣香 (매일생한불매향)
매화는 한 평생 추워도 향기를 팔지 않는다.
月到千虧餘本質 (월도천휴여본질)
달은 천 번 이지러져도 그 본질을 남기고
柳經百別又新枝 (유경백별우신지)
버드나무는 백번 꺾여도 새 가지가 거듭난다.

- 大山 -

29

12. 아포칼립스 Aporkalyps

'아포칼립스(aporkalypse):돼지 인플루엔자(신종플루)' 성경의 종말론을 의미하는 'Apocalypse'와 돼지를 뜻하는 pork를 결합해 만든 유행어.

묵시록 默示錄, (Apocalypse)

성 요한의 계시록으로 알려져 있는 신약성서 중 가장 마지막 책. 세계의 종말과 최후의 심판에 관한 책입니다. 새로운 지복천년의 도래에 대해 사도 요한이 파트모스섬에서 본 천계를 기록한 내용이 담겨 있습니다. 초현실적이고 극적인 이미지로 가득 차 있으며 기독교 미술의 많은 주제로 차용되었습니다. 뒤러Albrecht Dürer (1471~1528)는 1498년에 간행된 묵시록의 삽화에 강렬하고 극적인 목판화를 제작한 바 있습니다. 묵시록 중 최후의 심판을 묘사한 작품으로는 이탈리아 아씨시에 있는 치마부에 Giovanni Cimabue (c. 1240~1302)의 프레스코 벽화가 유명합니다. 바로크 미술에서는 성모마리아가 묵시록에 자주 묘사되었고, 이 주제는 특히 스페인에서 대중적인 인기를 모았습니다.

지구 종말의 딜레마

지구 종말은 게임과 영화에서 아주 좋은 '떡밥'입니다.

종말 이후의 세상, 그 안에서의 파멸과 혼란, 그리고 인간본성에 대한 묵시록적 내용까지 게임에서 멸망의 원인은 여러가지입니다. 주로 핵전쟁이 났다거나, 알수 없는 전염병(코로나19)이 돌아 대부분 인간이 좀비가 됐다든지, 홍수 가뭄 지진 같은 자연 재해로 멸망한 경우입니다.

종말을 다루는 장르를 '포스트 아포칼립스(종말물)' 라고 합니다. 게임은 지구 종말의 순간부터 그 이후의 이야기들을 세밀하게 다루고 있습니다.
지구는 어떤 최후를 맞게 될까요?
멸망 이후의 인류는 삶은 어떨까요?
종말을 다룬 게임들은 우리에게 어떤 메시지를 줄까요?
신종폐렴 코로나19는 이미 "미지의 영역"에 들어섰습니다.

지금 당장 내 앞에 있는 사람, 아침 밥 같이 먹는 사람, 오늘 만나는 사람, 내일 만나야 할 사람, 가족, 지인들에게 최선을 다해야 합니다.

그것이 곧, 正道不悔(정도불회)
후회없는 정도의 삶이며 경쟁력임을 깨달아야 합니다.
코로나19 괴변이 심할 때 생각을 정리해 봤습니다.

- 大山 -

13. 봉생마중 불부직
蓬生痲中 不扶直

굵어지기 쉬운 쑥대도 삼밭 속에서 자라면 저절로 곧아진다는 뜻입니다. 좋은 벗들과 사귀면 좋은 사람이 된다는 뜻이 담겨 있습니다.

좋은 환경에서 훌륭한 친구들과 교분 관계를 맺으면서 생활하다 보면 거기에 동화 되어서 올곧게 자라기 때문입니다.

내가 누구를 만나고, 누구와 함께 하느냐에 따라서 그 사람의 일생을 좌우합니다.

좋은 만남이 좋은 인연을 낳고,
좋은 인연이 좋은 인생을 낳습니다.

올곧고 덕 있는 현인들이
나의 삼밭 같은 인연입니다.

- 大山 -

14. 상식만천하 지심능기인
相識滿天下 知心能幾人

서로 얼굴을 아는 사람은 세상에 가득하지만 마음을 아는 사람은 능히 몇 사람이나 되겠습니까?

畵虎畵皮 畵難骨 (화호화피 화난골) "호랑이를 그리데 그 껍데기만 그리지 그 뼈를 그리기는 어렵고
知人知面 知心不 (지인지면 지심불) 사람을 알되 얼굴만 알지 그 마음을 알기는 어렵다" - 명심보감 -

호랑이를 그리는데 겉모습만 그리지 그 속 뼈나 내장 등은 그리기가 난해하며 열 길 물속 깊이는 알 수 있어도 사람이 한길 속 마음은 알 수 없습니다.
사나운 짐승은 굴복시킬 수 있지만 사람의 간교한 마음은 결코 굴복시킬 수 없고 산골짜기는 메울 수 있어도 사람에 마음은 결코 채울 수가 없습니다. 요즘 세태가 경제적으로 힘들고 정치적으론 좌파, 보수 우파 패거리 집단 이기주의로 유불리를 따지고 철처한 묻지마 골수로 변질되어 본연의 애정, 인, 의, 예, 지, 신을 갖춘 사람을 찾아보기 힘든 세상입니다. 사람 등 뒤에는 '취급주의'라고 써 붙여 있으니 조심하세요! 언제나 사심 없이 희노애락을 즐길 수 있는 진정한 쟁우는 그리 쉽게 만날 수 없는 법입니다. - 大山 -

15. 무등산고송하재
無等山高松下在

―

김삿갓 그는 말년에...

"無等山高松下在 (무등산고송하재)
무등산이 높다더니만 소나무 가지 아래에 있고,

赤壁江深沙上流 (적벽강심사상류)
적벽강이 깊다더니만 모래 위에 흐르는 물이로다!"
라는 시를 마지막으로 무등산이 바라보이고 적벽강이
흐르는 전라도 화순 땅 동복에서 57세로 생을 마감
했습니다. 그리운 옛사람들 모두 모두 갔습니다.

"설니홍조"
진흙밭에 앉았던 그 기러기 발자국
어느 방향으로 날아갔는지 알 수 없네요.

- 大山 -

16. 지자불언 언자불지
知者不言 言者不知

'아는 사람은 말하지 않고, 말하는 사람은 알지 못한다'
라는 뜻으로, 말의 중요성을 일깨우고 말로 인한 오류를
경계하는 말입니다.
"노자도덕경(老子道德經)" 제56장의 첫 구절입니다.

"지식 있는 자 말이 없고, 말하는 자 지식이 없다"

참으로 아는 사람(知者)은 자신이 아는 것을 말로 드러
내지 않으며, 자신이 아는 것을 말로 드러내는 사람은
참으로 아는 사람이 아니라는 말입니다.

나아가 참으로 아는 사람은 그 빛, 곧 자신의 지덕(知
德)과 재기(才氣)를 감추고 속세와 어울린다고 합니다.

화광동진(和光同塵)이라는 고사성어도 여기서 유래되
었습니다. 화려한 겉치레뿐인 말이나 얕은 지식을 드러
내어 말하기를 좋아하는 사람에 대한 경계의 뜻으로
일상 생활에서 사용됩니다.

- 大山 -

17.　개권유득 開卷有得

宋書, 陶潛傳

"책을 펼치고 글을 읽으니 거기서 유익함을 얻는다"

도화원기(桃花源記)로 유명한 도연명은 문 앞에 버드
나무 다섯 그루가 있어 오류선생(五柳先生)이라 자호
(自號)했습니다. '어려서부터 책을 좋아하여 친구와 더
불어 한가할 때면 책을 열어 읽으니 얻은 게 많았습니
다. 少年來好書 偶愛閑靜 開卷有得(소년래호서 우애
폐정 개권유득)에 나오는 말입니다.

'개권유익(開卷有益)'이라는 말도 있습니다.

송태종의 3남, 진종(眞宗)황제는 '권학문(勸學文)'에서
'글 속에 저절로 많은 녹봉이 있으며, 글 속에 황금으로
꾸민 집이 있고, 글 속에 수레와 말이 있으며, 글 속에 옥
같은 여인이 있습니다.

"사나이가 뜻을 이루려거든 육경(六經-책)을 펼쳐 놓
고 부지런히 읽으라"고 하며 개권유익의 사상을 시문
으로 남겼습니다. - 大山 -

18.

凡編戶之民
富相什則卑下之

범편호지민
부상십칙비하지

一

伯則畏憚之 千則役 萬則僕 物之理也
(백칙외탄지 천칙역 만칙복 물지리야)

"대개 보통 사람들은 상대방의 부(富)가 자기보다
10배가 되면 그에게 욕을 하지만,
100배가 되면 그를 두려워하고,
1000배가 되면 그의 밑에서 일을 하게 되고,
10000배가 되면 그의 노예가 되는데
이것은 만물의 이치다"

- 사마천 /화식열전(貨殖列傳) -

19. 백일막허도 청춘부재래
白日莫虛渡 靑春不再來

白日莫虛渡 靑春不再來 (백일막허도 청춘부재래)
세월을 헛되이 보내지 말라. 청춘은 다시 돌아오지 않는다.

人無遠慮, 難成大業 (인무원려 난성대업)
사람이 먼 곳을 향하는 생각이 없다면, 큰일을 이루어
내기가 어렵다.

貧而無諂 富而無驕 (빈이무첨 부이무교)
가난하되 아첨하지 않고 부유하되 교만하지 않는다.

忍耐 (인내) 참고 견디어라.

恥惡衣惡食者 不足與議 (치오의오식자 부족여식)
궂은 옷, 궂은 밥을 부끄러워하는 자는 더불어 의논할
수 없다.

孤莫孤於自恃 (고막고어자시)
스스로 잘난 체하는 것 보다 더 외로운 것은 없다.

博學於文約之以禮 (박학어문약지이례)
글공부를 널리 하고 예법으로 몸을 단속하라.
- 大山 -

20. 원한은 작은 허물도 용서 하지 않는 곳에서 생긴다

怨在不赦小過 患在不預定謀
(원재불사소과 환재불예정모)
福在積善 禍在積惡
(복재적선 화재적악)

원한은 작은 허물을 용서하지 않는 곳에서 생기고,
환난은 미리 계책을 정하지 않는 곳에서 생기며,
복은 착한 것을 쌓는 곳에서 생기고,
화는 악을 쌓는 곳에서 생깁니다.

飢在賤農 寒在惰織 (기재천농 한재타직)
安在得人 危在失事 (안재득인 위재실사)
富在迎來 貧在棄時 (부재영래 빈재기시)

배고픈 것은 농사짓는 것을 천하게 여기는 데 있고,
추운 것은 베 짜는 것을 게을리 하는 데 있으며,
편안한 것은 사람을 얻는 데 있고,
위태한 것은 일을 잘못하는 데 있으며,
부자는 오는 것을 맞이하는 데 있고,
가난한 것은 때를 버리는 데 있습니다.
- 大山 -

21. 비바람 몇 번 오가니 인생 끝나는 것을

중국 전국 춘추시대, 천하에 영웅호걸이 천하를 통일하고 천하를 손에 쥔 황제가 되어 천년을 도도히 흐르는 황하강 천문루에서 평소 가장 사랑하고 흠모한 여인을 불러 주안상 차려 놓고 마주 앉아 술잔을 주고받는 즉시 일배주를 하는데 황하강에 앞 물결은 뒷 물결이 치고 뒷 물결은 상류수가 치며 양절벽 곤륜산 적벽산의 비경이 천년을 비쳐도 황하강은 피곤하다 아니하고 흐릅니다. 그런데 앞에 앉아 있는 낭자의 눈치를 보니 자신에게 관심 없다는 것을 깨달았습니다.

백발은 어느덧 무성한데 저승사자는 살포시 옆에 와 이제 수명을 다했으니 황천으로 가자고 합니다. 이 세상에 가장 사랑하고픈 한 여인도 사로잡지 못하면서 젊은 청춘을 허구한 날 참혹한 전쟁터에서 시시비비를 따지며 생사 목숨을 건 어리석은 세월을 보낸 자신을 한탄하며 인생 무상과 슬픔에 잠겨 한탄에 시를 읊습니다.

花開昨夜雨 (화개작야우)
花落今朝風 (화락금조풍)
可憐一春事 (가련일춘사)
往來風雨中 (왕래풍우중)

어젯밤 비에 꽃이 피더니
오늘아침 바람에 꽃이 지는구나
가련한 것이 봄(자신)에 일들이여
비바람 몇 번 오가니
인생 끝나는 것을....

허무하고 한탄스런
자신의 짧은 인생을
봄에 비유한
중국 고서입니다.

- 大山 -

22. 도불원인 道不遠人

도(道)는 인간의 삶과 멀리 있지 않다는 뜻으로, 행복도 사람에게서 멀리 떨어져 있지 않음을 이르는 말입니다.
도불원인은 사서의 하나인 중용에 나오는 말로, 공자는 "도(道)는 사람에게서 멀리 있는 것이 아니니, 사람이 도(道)를 한다고 하면서 사람을 멀리하면 도(道)라고 할 수 없다. (道不遠人하니 人之爲道而遠人이면 不可以爲道니라)"라 했습니다. 그래서 공자는 평상시에 덕(德)을 행하여야 하며, 평상시에 말을 삼가서 행동에 부족한 점이 없도록 힘써야 한다고 했습니다. 그래도 말에 남음이 있어 표현하고 싶다면 '언고행(言顧行)'하고 '행고언(行顧言)'하라 했습니다.

'언고행(言顧行)'은 '말은 행동을 돌아본다'는 뜻이고,
'행고언(行顧言)'은 '행동은 말을 돌아본다'는 뜻입니다.

누구나 감히 다하지 못한 말들을 하고 싶을 땐 '할 말들이 행동에 어긋나지는 않는지'를 돌아봐야 하고, 그리고 나서 '했던 행동이 말과 일치했는지'를 꼭 돌아봐야 합니다.
도(道)란 그저 인간이 매일매일 살아가는 데 필요한 사람의 지표가 되고, 가야 할 길이 되어야 합니다. 그러므로 도(道)는 먼 곳에 있는 것이 아니라 내 일상의 삶 속에 있어야 합니다.

우리가 다니는 길도 막히면 길은 의미가 없습니다. 원활한 소통(疏通)을 하라고 강조한 말이 '도통(道通)'입니다.

도통도 멀리 있는 것이 아니라 사람들 간의 관계와 소통을 말합니다. 이처럼 '도(道)'는 우리들이 반드시 실천하고 걸어가야 할 평범한 상식과도 같은 것입니다.

평생 타인에게 손해를 끼치지 않고 남을 존중하고 배려하는 마음으로 평범하게 살아가는 사람, 이런 사람이 도인이지 않을까요?

도(道)는 먼 곳에 있는 것이 아니라 내 일상의 삶 속에 있습니다.

- 大山 -

23. 좋은 말 한 마디가 천금보다 귀한 것

황금만냥미위귀 (黃金萬兩未爲貴)
득인일어승천금 (得人一語勝千金)

— 황금(黃金)의 만냥이 귀(貴)한 것이 아니요. 좋은 말 한 마디 듣는 것이 천금(千金)보다 귀(貴)한 것입니다.

가정에 충실한 남편이 아내의 생일 날 케이크를 사들고 퇴근을 하다가 교통사고를 당했습니다. 다행히 목숨은 건졌지만, 한쪽 발을 쓸 수가 없었습니다. 아내는 발을 절고 있는 무능한 남편이 싫어졌습니다. 그녀는 남편을 무시하며 '절뚝이'라고 불렀습니다. 그러자, 마을 사람들이 모두 그녀를 '절뚝이 부인'이라고 불렀습니다. 그녀는 자기를 '절뚝이 부인'이라고 부르는 동네 사람이 창피해서 더 이상 그 마을에 살 수가 없었습니다. 부부는 모든 것을 정리한 후, 다른 낯선 마을로 이사를 갔습니다. 마침내 아내는 자신을 그토록 사랑했던 남편을 무시한 것이 얼마나 잘못이었는지 크게 뉘우쳤습니다. 그녀는 그곳에서 남편을 '박사님'이라 불렀습니다. 그러자, 마을 사람 모두가 그녀를 '박사 부인'이라고 불러 주었습니다.

'뿌린대로 거둔다'라는 말 참마음에 와 닿습니다.

상처를 주면 상처로 돌아오고, 희망을 주면 희망으로 돌아옵니다. 남에게 대접받고 싶은 만큼 먼저 대접할 줄 알아야 합니다. '말이 입힌 상처는 칼이 입힌 상처보다 깊다'는 모로코 속담이 있습니다. '말은 깃털처럼 가벼워 주워 담기 힘들다'는 탈무드의 교훈도 있습니다. 상대를 낮추며 자신을 올리려는 사람들이 있습니다. 그러나 상대를 무시하면 자신도 무시당하게끔 되어 있습니다. 배려와 존중의 말로 자신의 격을 높여가야 합니다.

"날개는 남이 달아주는 것이 아니라, 자기 몸을 뚫고 스스로 나오는 것"이라고 합니다.

당신 속에 숨어 있는 꿈의 날개를 활짝 펴고, 높이 날아 오르는 멋진 하루 되세요.

- 大山 -

24. 자네 집 술 익거든
나를 부르시게

어이 친구 자네 집

담근 술 익거들랑

나를 부르시게

내 집 초당 앞

국화 만발할 제

나 또한 자네 청함세

백년 벗의

시름코져 하노라

- 김시라 -

25. 한잔 술을 어찌 사양하겠는가

술과 관련된 사자성어들

주지육림 (酒池肉林)
술이 못을 이루고 고기가 숲을 이룬다는 뜻으로, 매우
호화(豪華)스럽고 방탕(放蕩)한 생활(生活)을 이르는 말

금곡주수 (金谷酒數)
술자리에서 받는 벌주. 酒果(주과)와 과실(果實)이라는
뜻으로, 매우 간소(簡素)하게 차린 제물(祭物)

구맹주산 (狗猛酒酸)
'개가 사나우면 술이 시어진다'는 뜻으로, 한 나라에
간신배(奸臣輩)가 있으면 어진 신하(臣下)가 모이지 않
음을 비유(比喩 · 譬喩)한 말

주대반낭 (酒袋飯囊)
술과 밥주머니라는 뜻으로, 술과 음식(飮食)을 축내며
일을 하지 않는 사람을 이르는 말

두주불사 (斗酒不辭)
말술도 사양(辭讓)하지 아니한다는 뜻으로, 주량(酒量)
이 매우 큼을 일컫는 말

47

예주불설 (醴酒不設)
익은 술을 베풀지 않는다는 뜻으로, 손님을 대우(待遇)
하는 예가 차츰 없어짐을 이르는 말

木壚酒店 목로주점
술청에 목로(木壚)를 베풀고 술을 파는 집

絃歌酒讌 현가주연
거문고를 타며 술과 노래로 잔치함

酒囊飯袋 주낭반대
술 주머니와 밥 푸대라는 뜻으로, 무지(無知)하고 무능(無
能)하여 오로지 놀고 먹기만 하는 사람을 비꼬아 이르는 말

美酒佳果 미주가과
좋은 술과 좋은 과일

高陽酒徒 고양주도
술을 좋아하여 제멋대로 행동(行動)하는 사람을 비유(比喩
·譬喩)

薄酒山菜 박주산채
맛이 변변하지 못한 술과 산나물이란 뜻으로, 자기(自己)
가 내는 술과 안주를 겸손(謙遜)하게 이르는 말

杯酒解怨 배주해원
서로 술잔을 나누고 있는 사이에 묵은 원한(怨恨)을 잊어
버림

醉翁之意不在酒 취옹지의부재주
사람이 술에 취하는 뜻은 술에 있지 않고 산수(山水)를
즐기는 것에 있다는 뜻으로, 딴 속셈이 있거나 안팎이 다름
을 비유(比喩·譬喩)하여 이르는 말

截髮易酒 절발역주
머리를 잘라 술과 바꾼다는 뜻으로, 자식(子息)에 대한
모정(母情)의 지극(至極)함을 이르는 말

飯囊酒袋 반낭주대
밥을 담는 주머니와 술을 담는 부대라는 뜻으로, 술과
음식(飮食)을 축내며 일을 하지 않는 사람을 이르는 말

先酒後麵 선주후면
먼저 술을 마시고 난 뒤에 국수를 먹는다는 말

巵酒 치주
"잔의 술"이라는 뜻으로, "적은 양의 술"을 이르는 말.

不酒草肉 부주초육
승녀가 술, 담배, 고기를 입에 대지 아니하는 일

有酒無量 유주무량
주량이 커서 술을 한없이 마심

卽時一杯酒 즉시일배주
눈앞에 있는 한 잔의 술이라는 뜻으로, ① 뒷날의 진수성찬
보다 당장 마실 수 있는 한 잔의 술이 나음

② 장차의 큰 이익(利益)보다 지금의 적은 이익(利益)이 더 나음

鄕飮酒禮 향음주례
고을의 선비들이 모여 읍양하는 절차(節次)를 지키어 술을 마시고 잔치하던 행사(行事)

食馬肉不飮酒傷人 식마육불음주상인
"말고기를 먹고 술을 마시지 않으면 건강(健康)을 해(害)치게 된다"라는 뜻으로, 덕(德)으로써 다른 사람에게 너그럽게 대하는 것을 비유(比喩・譬喩)하는 말

酒不雙杯 주불쌍배
(주석에서)술을 마실 때 잔의 수효(數爻)가 짝수로 마침을 싫어함을 이르는 말. 곧 3・5와 같이 기수(奇數)로 마실 것이지 2・4와 같은 우수(偶數)로 마시지 않는다는 말

惜花愁夜雨病酒怨春鶯 석화수야우병주원춘앵
꽃을 아끼니 밤 비를 근심하고, 술에 병드니 봄 꾀꼬리를 원망(怨望)함

山鳥下廳舍簷花落酒中 산조하청사첨화락주중
산새는 청사(뜰)에 내려앉고, 처마의 꽃은 술 가운데에 떨어짐

巵酒安足辭 치주안족사
'한 잔 술을 어찌 사양하겠는가'라는 뜻으로, 술꾼들이 술을 권하거나 억지로 권하는 술을 마실 때 사용하는 말

豚蹄一酒 돈제일주
돼지 발굽과 술 한 잔이라는 뜻으로,
작은 물건(物件)으로 많은 물건(物件)을 구하려 한다는 뜻

飮酒人顔赤食草馬口靑 음주인안적식초마구청
술을 마시니 사람의 얼굴이 붉어지고,
풀을 먹으니 말의 입이 푸름

酒百藥之長 주백약지장
술은 모든 약 중(中)에 첫째 간다는 뜻으로,
술을 기려 이르는 말

酒有聖賢 주유성현
좋은 술을 성인(聖人), 좋지 않은 술을
현인(賢人)이라 부른 고사(故事)에서 연유(緣由)한 말

酒入舌出 주입설출
술이 들어가면 혀가 나온다는 뜻으로,
술을 마시면 수다스러워진다는 말

主酒客飯 주주객반
주인(主人)은 손님에게 술을 권(勸)하고, 손님은 주인(主人)
에게 밥을 권(勸)하며 다정(多情)하게 먹고 마심

契酒生面 계주생면
남의 물건(物件)으로 자기(自己)가 생색(生色)을 냄

世事琴三尺生涯酒一杯 세사금삼척생애주일배
세상일(世上一)은 거문고 석자요 (거문고를 켜면서 잊어
버리고), 한평생(一平生)은 술 한잔임

酒龍詩虎 주룡시호
술 마시는 용과 시 짓는 범이라는 뜻으로,
시와 술을 좋아 하는 사람을 이르는 말

酒有別腸 주유별장
술을 마시는 사람은 장이 따로 있다는 뜻으로,
주량은 체구의 대소(大小)에 관계(關係) 없음을 이르는 말

置酒高會 치주고회
술상을 놓고 높이 모인다는 뜻으로,
성대(盛大)히 베푸는 연회(宴會)

沈於酒色 침어주색
술과 계집에 마음을 빼앗김

葷酒山門 훈주산문
비린내 나는 것을 먹고, 술기운(-氣運)을 띤 자는 절의
경내(境內)로 들어와서는 안된다는 말.

26.

유수지위물야 불영과불행
流水之爲物也 不盈科不行

흐르는 물은 웅덩이를 채우지 않고서는 앞으로
나가지 못한다.

- 孟子 -

흐르는 물의 성질은 웅덩이를 채우지 않고서는 나아
가지 않습니다. 이 고사는 동양 철학 대부분의 사상들이
항상 진리의 본질에 근접한 순수함으로 표현하는 '물'
의 본질을 그대로 제시하고 있는 표현입니다. 바로 금
주에 제시된 명언이 출전이 된 고사로 물의 성질이 가
지고 있는 기본적인 가치를 유가가 지향하는 도덕적
군자(君子)의 덕성과 실천력에 비유하고 있는 것입
니다.
순리(順理)를 거역하는 법이 없는 물의 성질에게서 배
우고 본받아야 할 가치는 무엇보다 강한 포용력입니다.
그렇기에 도가(道家)의 노자(老子) 역시 "최상의 선의
가치는 물과 같다. 물은 모든 만물을 잘 이롭게 하면
서도 다투지 않고 대중이 싫어하는 곳에 처하고 있기
때문에 거의 도(道)에 가깝다"고 얘기했습니다.

학문과 덕성을 모두 갖춘 도덕적 군자의 가치가 도덕적
가치를 체득하고 성취하는 여부에 따라 외면적으로

무엇보다 참된 정의의 가치와 도덕적 가치를 갖추는 길이 자기 수양의 근본이 된다는 맹자(孟子)의 주장을 다시 한 번 확인할 수 있습니다.

물의 흐름을 인위적으로 막거나 흐름을 다른 곳으로 옮겨놓는 일이 벌어지는 일이 있다 하더라도 도도히 흐르는 중심 줄기는 인위적 힘으로 거역할 수는 없을 것입니다.

혹, 인위적인 힘으로 바꿀 수 있다면 그로 인해 벌어지는 피해는 역시 인위적 힘으로 막을 수 없습니다. 그렇기에 특히 현대의 발달된 문명의 힘으로 거대한 대하(大河)도 움직일 수 있다는 식의 섣부른 오판이 가져다 주는 돌이킬 수 없는 결과의 초래를 되새기거나 대비하지 않을 수 없는 것입니다.

결국 인간 덕성(德性)의 바른 가치를 회복하고 실천하는 길은 올바른 학문 수양의 지침과 자세가 되기에 충분하며, 그러한 학문과 덕성의 균형잡힌 인간으로 성장하는 것이야말로 우리가 지향해야 할 새 시대를 이끌고 갈 올바른 인간형이 아닐까 합니다.

- **大山** -

27. 입 밖으로 나온 말의 화살

言出如箭(언출여전)
입 밖으로 나온 말에 화살을

不可輕發(불가경발)
가벼이 던지지 말라

一入人耳(일입인이)
한번 사람 귀에 박히면

有力難拔(유력난발)
힘으로는 빼낼 수 없다.

- 大山 -

28. 인생무근체
人生無根蒂

도연명

人生無根蒂 [인생무근체]
인생은 뿌리도 꼭지도 없어

飄如陌上塵 [표여맥상진]
길 위에 흩날리는 먼지와 같네

分散逐風轉 [분산축풍전]
바람 따라 이리 저리 뒤집히나니

此已非常身 [차이비상신]
이에 인생이 무상함을 알겠네

落地爲兄弟 [낙지위형제]
세상에 나와 형 아우하는 것이

何必骨肉親 [하필골육친]
어찌 친척만의 일이겠는가

得歡當作樂 [득환당작락]
기쁜 일은 마땅히 서로 즐기고

斗酒聚比鄰 [두주취비린]
한 말 술이라도 이웃과 마셔야지

盛年不重來 [성년부중래]
젊음은 다시 돌아오지 않고

一日難再晨 [일일난재신]
새벽은 하루에 두 번 오지 않는다.

及時當勉勵 [급시당면려]
좋은 때 잃지 말고 마땅히 힘써야지

歲月不待人 [세월부대인]
세월은 사람을 기다리지 않고 흘러갈 뿐이다.

29. 석양은 지고 있는데...

"All, all are gone, old familiar faces"
(모두 모두 갔다. 옛날의 그리운 얼굴들)

한평생 살아가면서 우리는 많은 사람과 만나고 많은 사람과 헤어집니다. 꽃은 피어날 때 향기를 토하고 물은 연못이 될 때 소리가 없습니다. 언제 피었는지 알 수 없는 정원의 꽃은 향기를 날려 자기를 알립니다. 마음을 잘 다스려 평화로운 사람은 한 송이 꽃이 피듯 침묵하고 있어도 저절로 향기가 납니다. 그러나 꽃처럼 그렇게 마음 깊이 향기를 남기고 가는 사람을 만나기란 쉽지 않습니다.

인간의 정이란 무엇일까요? 주고받음을 떠나서 사귐의 오램이나 짧음과 상관없이 사람으로 만나 함께 호흡하다 정이 들면서 더불어 고락도 나누고 기다리고 반기고 보내는 것인가요? 기쁘면 기쁜 대로 슬프면 슬픈 대로, 있으면 있는 대로 없으면 없는 대로, 또 아쉬우면 아쉬운 대로 그렇게 소담하게 살다가 미련이 남더라도 때가 되면 보내는 것이 정이 아니던가요?

대나무가 속을 비우는 까닭은 자라는 일 말고도 중요한

58

게 더 있다고 했습니다. 바로 제 몸을 단단하게 보호 하기 위해서랍니다. 대나무는 속을 비웠기 때문에 어떠한 강풍에도 흔들릴 지언정 쉬이 부러지지 않는다고 했습니다.

혹여, 당신은 자신의 독단을 너무 강하게 주장하는 것은 아닌가요? 양보하고 배려하는 신선한 맘을 베푼 적 있습니까? 무엇을 그리 움켜 쥐고 있습니까?

일주일에 밥 먹자는 전화 몇 번 옵니까?
인생 종착역 가까워지는데 덧없이 흘러가는 세월 속에 상처없이 아프지 말고 행복하게 보내시고 오늘도 즐겁고 좋은 시간 되시옵소서...^^

- 大山 -

30. 영반월 詠半月

황진이

—

誰斷崑崙玉 (수단곤륜옥)
누가 곤륜산의 옥을 끊어서

裁成織女梳 (재성직여소)
직녀의 얼레빗(반달)을 만들었나?

牽牛一去後 (견우일거후)
칠석날 견우님 한번 가버린 후

愁擲碧虛空 (수척벽허공)
시름에 겨워 (얼레빗을) 푸른 허공에 던져버렸다.

반달을 얼레빗에 비유하는
이 절창의 비유법은
어디에서 오는 겁니까?
황진이의 문학적 감수성에
세상 모든 시인들이 고개를 숙입니다.

31. "와이로"는 일본말이 아니며 한학 성문이다

고려시대 의종 임금이 하루는 단독으로 야행(夜行)을 나갔다가 깊은 산중에서 날이 저물었습니다. 요행(僥倖)히 민가(民家)를 하나 발견하고 하루를 묵고자 청을 했지만, 집주인(이규보 선생)이 조금 더 가면 주막(酒幕)이 있다는 이야기를 하여, 임금은 할 수 없이 발길을 돌려야 했습니다. 그런데 그 집(이규보) 대문에 붙어 있는 글이 임금을 궁금하게 하였습니다.

"나는 있는데 개구리가 없는 게 인생의 한이다."
(唯我無蛙 人生之恨/ 유아무와 인생지한)

"도대체 개구리가 뭘까..?"
한 나라의 임금으로서 어느 만큼의 지식(智識)은 갖추었기에, 개구리가 뜻하는 걸 생각해 봤지만 도저히 감이 잡히지 않았습니다. 주막에 들려 국밥을 한 그릇 시켜 먹으면서, 주모에게 외딴 집 (이규보 집)에 대해 물어 보았습니다. 그는 과거(科擧)에 낙방(落榜)하고 마을에도 잘 안 나오며, 집안에서 책만 읽으면서 살아간다는 얘기를 들었습니다. 그래서 궁금증이 발동(發動)한 임금은 다시 그 집으로 돌아가서 사정사정한 끝에 하룻밤을 묵어갈 수 있었습니다. 잠자리에 누웠지만 집 주인의 글 읽는 소리에 잠은 안 오고해서 면담(面談)을 신청(申請)했습니다. 그리고는 그렇게도 궁금하게 여겼던 "唯我無蛙 人生之恨 /유아무와 인생지한"이란 글에 대해 들을 수 있었습니다.

옛날에 노래를 아주 잘하는 꾀꼬리와 목소리가 듣기 거북한 까마귀가 살고 있었는데, 하루는 꾀꼬리가 아름다운 목소리로 노래를 하는데 까마귀가 꾀꼬리한테 내기를 하자고 했습니다. 바로 "3일 후에 노래 시합을 하자"는 것이었습니다. 백로(白鷺)를 심판(審判)으로 하여 노래 시합을 하자고 했습니다. 이 제안에 꾀꼬리는 한마디로 어이가 없었습니다. 노래를 잘 하기는 커녕, 목소리 자체가 듣기 거북한 까마귀가 자신에게 노래 시합을 제의하다니... 하지만 월등한 실력을 자신했기에 시합(試合)에 응(應) 했습니다. 그리고 3일 동안 목소리를 더 아름답게 가꾸고자 노력했습니다.

그런데, 반대로 노래 시합을 제의한 까마귀는 노래 연습은 안 하고 자루 하나를 가지고 논두렁의 개구리를 잡으러 돌아다녔습니다. 그렇게 잡은 개구리를 백로(白鷺)한테 뇌물로 가져다주고 뒤를 부탁한 것이었습니다.
약속한 3일이 되어서 꾀꼬리와 까마귀가 노래를 한 곡씩 부르고 심판인 백로(白鷺)의 판정을 기다렸습니다. 꾀꼬리는 자신이 생각해도 너무 고운 목소리로 노래를 잘 불렀기에 승리를 장담했지만, 결국 심판인 백로(白鷺)는 까마귀의 손을 들어주었습니다.

한동안 꾀꼬리는 노래 시합에서 까마귀에 패배한 이유를 알 수 없었습니다. 그러나 얼마 지나서 백로가 가장 좋아하는 개구리를 잡아다 주고, 까마귀가 뒤를 봐 달라고 힘을 쓰게 되어 본인이 패한 사실을 알게 되었습니다. 그 후 꾀꼬리는 크게 낙담하고 실의에 빠졌습니다. 그리고 "나는 있는데 개구리가 없는 게 인생의 한이다"라는 글을 대문 앞에 붙여 놓았다고 합니다.

이 글은 이규보(李奎報)선생이 임금한테 불의와 불법(不法)으로 뇌물을 갖다 바친 자에게만 과거 급제의 기회를 주어 부정부패로 얼룩진 나라를 비유(比喩)해서 한 말이었습니다.

이때부터, 와이로(蛙利鷺)란 말이 생겼습니다.
와(蛙):개구리 와.
이(利):이로울 이.
로(鷺):백로 로.

이규보(李奎報) 선생 자신(自身)이 생각해도, 그의 실력(實力)이나 지식(智識)은 어디에 내놔도 안 떨어지는데 과거를 보면 꼭 떨어진다는 것이었습니다. 돈도 없고, 정승(政丞)의 자식(子息)이 아니라는 이유(理由)로 과거를 보면 떨어진다는 것이었습니다. 자신은 노래를 잘하는 꾀꼬리와 같은 입장이지만, 까마귀가 백로(白鷺)한테 개구리를 상납한 것처럼 뒷거래를 하지 못합니다. 그래서 과거에 번번히 낙방하여 초야(草野)에 묻혀 살고 있다고 하였습니다.

그 말을 들은 임금은 이규보(李奎報)선생의 품격이나, 지식이 고상(高尙)하다 생각했습니다. 자신(自身)도 과거(科擧)에 여러 번 낙방(落榜)하고 전국(全國)을 떠도는 떠돌이인데, 며칠 후에 임시(臨時) 과거(科擧)가 있다 하여 개성으로 올라가는 중이라고 거짓말을 하였습니다. 그리고 궁궐(宮闕)에 돌아와 즉시 임시 과거를 열 것을 명(命)하였다고 합니다. 과거(科擧)를 보는 날, 이규보 선생도 뜰에서 다른 사람들과 같이 마음을 가다듬으며 준비(準備)를 하고 있을 때 시험관이 내 걸은 시제(詩題)가 바로 "唯我無蛙 人生之限"이란 여덟 글자였다고 합니다.

사람들은 그게 무엇을 뜻하는지를 생각하고 있을 때, 이규보 선생은 임금이 계신 곳을 향해 큰 절을 한 번 올리고 답을 적어 냄으로서 장원급제(壯元及第)하여 차후 유명한 학자가 되었습니다.

이때부터 "와이로"(蛙利鷺/唯我無蛙人生之恨)란 말이 생겨났다고 합니다.

- 大山 -

32. 구시균문 口是菌門

"모든 균은 입으로부터 들어오고, 구시화문 (口是禍門) 모든 화는 입으로부터 들어 온다"

입(口)이란 무엇인가요? 입은 음식물이 들어가는 입구입니다. 입을 통해서 밥도 먹고 과일도 먹고 고기도 먹고 술도 마십니다. 음식물이 입에 들어가야 사람은 에너지를 확보할 수 있고 생명을 유지할 수 있습니다. 사람이 먹는 음식물이 어디서 왔는지 따져보면 모두 땅(地)에서 나온 것들입니다. 인간이 먹는 음식물이란 땅의 지기(地氣)를 받고 자란 것들입니다. 이렇게 보면 입은 지기(地氣)가 들어가는 곳이죠.

그러면 천기(天氣)가 들어가는 곳은 어디일까요? 코(鼻)입니다. 사람은 코를 통해서 산소를 흡입합니다. 천기를 흡입하는 코와 지기 (地氣)를 섭취하는 입의 사이에 있는 부위가 바로 인중(人中)입니다. 사람의 가운데란 뜻입니다. 이 부위가 인중(人中)이라는 이름이 된 이유는 천기와 지기의 중간이기 때문입니다. 또 다른 이유는 인중 위쪽으로는 구멍이 2개씩입니다. 콧구멍도 2개, 눈도 2개, 귓구멍도 2개입니다. 2라는 숫자는 동양의 상수학(象數學)에서 음(陰)을 상징합니다.

그런데 인중 밑으로는 구멍이 한 개 씩입니다. 입도 1개, 배꼽도 1개, 항문도 1개, 요도(尿道)도 1개, 산도(産

道)도 1개입니다. 1이라는 숫자는 양(陽)을 상징합니다. 또한, 2개 즉, 음은 많이 쓰라는 것입니다. 냄새 잘 맡아보고 열심히 살펴보고 잘 귀담아 들어야 하고 1개는 아껴 쓰고 조심해야 한다는 것이죠. 인중을 중심으로 위로는 음이 아래로는 양이 배치되어 있는 상황입니다. 여기서 입의 위치를 다시 살펴보면 인중 아래로 양(陽)이 시작되는 지점입니다. 인체의 양(陽)은 입에서부터 비롯됩니다. 달리 표현하면 인간 만사가 입에서부터 시작된다는 의미입니다.

입에서 먹을 것과, 복도 들어오지만 화(禍)도 들락거리는 문(門)입니다. 말을 잘못하면 재앙이 들어옵니다. 그래서 구시화문(口是禍門)이라는 말이 나왔습니다. 입은 화(禍)가 들어오는 문(門)이라는 의미입니다. 고금의 역사를 보면 말로 인해서 재앙이 초래된 경우가 많습니다. 심심창해수(心深滄海水) 구중곤륜산(口重崑崙山)라는 말이 있습니다. '마음 씀씀이는 창해수처럼 깊어야 하고 입은 곤륜산처럼 무거워야 한다'는 말입니다. 口是禍之門(구시화지문)란 '입은 재앙을 불러들이는 문이다.'라는 뜻으로 전당서(全唐書) 설시편(舌篇)에 나오는 한 구절입니다.

당나라가 망한 뒤의 후당(後唐)때에 입신하여 재상을 지낸 풍도(馮道)라는 정치가가 있었습니다. 그는 五朝八姓十一君(오조팔성십 일군)을 섬겼는데 다섯 왕조에 걸쳐, 여덟 개의 성을 가진, 열 한 명의 임금을 섬겼다는 말이니 그야말로 처세에 능한 달인이었습니다.
풍도(馮道)는 자기의 처세관(處世觀)을 아래와 같이 후
세인들에게 남겼습니다.

口是禍之門 (구시화지문)
입은 재앙을 불러들이는 문이요.
舌是斬身刀 (설시참신도)
혀는 몸을 자르는 칼이로다.
閉口深藏舌 (폐구심장설)
입을 닫고 혀를 깊이 감추면.
安身處處宇 (안신처처우)
가는 곳마다 몸이 편안하리라.

풍도(馮道)는 인생살이가 입이 화근(禍根)임을 깨닫고
73세의 장수를 누리는 동안 입 조심하고 혀를 감추고
말조심을 처세의 근본으로 삼았기에 난세에서도 영달
을 거듭한 것입니다.

고사성어 중에 이런 글도 있습니다.
守口如甁(수구여병)
입을 병마개처럼 지킨다.
禍生於口(화생어구)
화는 입에서 생긴다.
駟不及舌(사불급설)
네 마리의 말이 끄는 수레의 힘도
혀에는 미치지 못한다.
禍從口出(화종구출)
화는 입으로부터 나오고

病 從口入(병종구입)
병은 입으로부터 들어 간다.

이렇게 입에 대해 경고하는 말은 동서고금을 통하여
헤아릴 수 없이 많습니다. 말 한마디로 이 세상은 남이
되고 이혼하고 원수가 되고 전쟁을 합니다. 입을 조심
하고 혀를 조심하고 말을 삼가라는 것은 인간 세상이
존재하는 한 유구한 진리일 것입니다.

입 조심이 얼마나 어려우면 이런 말들이 오랜 세월 계속
이어질까요? 심신(心身)이 편안한 삶은 말을 삼가는 것
입니다.

- 大山 -

33. 라콤파르시타

남미탱고 - 작사.작곡 미상 -

사라져간 그대 그리워
오늘밤도 또 가슴 속에
불타 올라 탄식하노니
찾아서 올 그대 그리워
정처 없이 방랑에 길 거닐며
믿을 곳 없는 내 맘으로
나 홀로 우는가

그대여 지금은 어데
성내 술집 근처에서
몸에 힘 빠지고 멈칫 한다
아~~ 한 시절아
지금은 바랄 것 없는
쓸데 없는 이내 신세
하물며 오늘밤
춤추며 날 새워
근심을 잃고 말까

흐른 눈물 감추고저
명랑하게 춤을 춰라
그리워라 그 그림자
내 가슴에 떠오른다

검붉은 장미 꽃술을
마시고 또 마시어서
마지막 오늘 밤을 노래할까.

두 청춘 남녀가 결혼하였습니다. 남자는 음악에 천재성을 지녔고 여자는 화려함과 멋진 삶을 추구했습니다. 그러나 아직은 유명세를 못 탄 애송이 음악가라 가정 경제는 날로 빈곤해져 갔습니다. 이러한 궁핍한 일상에 빈곤을 견디지 못하고 여자는 집을 뛰쳐 나가버리고 말았습니다. 그리고 남자는 아내를 찾아 나섰습니다. 이 지방으로 가면 이미 다른 지방으로, 이 술집에 가면 다른 술집으로 소문 따라 찾아 나서다 보니 수년의 시간이 금새 흘렀고 몸은 병들어 다리까지 마비 현상이 왔지만 아픈 몸을 절뚝절뚝 이끌고 이 술집 저 술집을 헤매다 (유명 오페라에서 이 집 저 집 기웃 거리는 모습이 연출됨) 드디어 결정적으로 신부가 머무는 곳을 알아냅니다.

사랑하는 여자 앞에 나타났지만 자신의 모습은 너무 초라했습니다. 마지막으로 멋지고 근사한 모습을 보여주고 싶었습니다. 그래서 지금까지의 자신의 삶을 음악으로 묘사하여 작곡된 곡을 팔기위해 레코드 방을 찾았으나 몸에선 역겨운 냄새와 행색이 초라하여 레코드방 주인들은 그를 외면합니다. 그는 그렇게 멋지게 변신할 수 있는 돈을 만들 수 없었는데 마지막 레코드방 주인이 적선해주자 그 악보를 레코드방 쇼윈도 밑에 넣고 신부 여자가 있는 카페 바에 들려 먼발치에서 잠시 보고 한없이 눈물을 흘립니다. 그리고는 동냥 얻은 몇 푼을 웨이터에게 주면서 자신의 모든 행보를 말해주고 술집을 살며시 나와 객사를 하고 맙니다.

그 후 레코드방 주인이 바뀌고 새 주인은 쇼윈도 밑에서 먼지 가득한 악보를 발견하고 보니 콩나물 대가리가 심상치 않아 최초 5인조 캄보를 연주합니다. 역시 예사롭지 않았습니다. 그들이 감당하기에는 어려운 곡이라 폴모리 오케스트라에 연주를 의뢰하니 금세기까지도 능가할 수 없는 신화적인 전설의 불멸의 탱고가 탄생합니다. 그러나 그 무명 걸인을 밝힐 수는 없었습니다. 그래서 현재도 작곡 작사 미상으로 남아 있습니다. 그러나 그 아내는 남편의 곡인줄 알았지만 부인으로서 저작권을 주장할 수 없어 얼마 안 가서 병석에 누어 짧은 인생을 마감한다는 슬픈 이야기입니다.

참으로 가슴을 짓누르게 하는 슬픈 사연입니다. 너무나 구구절절 애틋한 사연이라 탄식을 아니 할 수 없네요.

34. 주자십회훈
朱子十悔訓

열 가지 모든 일에는 항상 때가 있고 때를 놓치면
뉘우쳐도 소용없음을 강조한 말입니다.

송대(宋代)의 유학자 주자가 제시한
열 가지 해서는 안 될 후회

1. 불효부모사후회 (不孝父母死後悔)
   부모에게 효도하지 않으면 돌아가신 뒤 뉘우친다.
2. 불친가족소후회 (不親家族疏後悔)
   가족에게 친절하지 않으면 늙어서 뉘우친다.
3. 소불근학노후회 (少不勤學老後悔)
   젊을 때 부지런히 배우지 않으면 늙어서 뉘우친다.
4. 안불사난패후회 (安不思難敗後悔)
   편할 때 어려움을 생각하지 않으면 패한 뒤 뉘우친다.
5. 부불검용빈후희 (不不儉用貧後悔)
   부자일 때 아껴쓰지 않으면 가난해진 뒤 뉘우친다.
6. 춘불경종추후회 (春不耕種秋後悔)
   봄에 씨를 경작하지 않으면 가을에 뉘우친다.
7. 불치원장도후회 (不治垣牆盜後悔)
   담장을 고치지 않으면 도둑 맞은 후에 뉘우친다.
8. 색불근신병후회 (色不謹愼病後悔)
   색을 삼가지 않으면 병든 후에 뉘우친다.

9. 취중망언성후회 (醉中妄言醒後悔)

　　술 취한 때 함부로 한 말은 술 깬 뒤에 뉘우친다.

10. 부접빈객거후회 (不接賓客去後悔)

　　손님을 접대하지 않으면 간 뒤에 뉘우친다.

35. 백락일고 伯樂一顧

백락일고(伯樂一顧)
기복염거(驥服鹽車)

'백락의 한번 돌아봄'이라는 말로, 명마도 백락을 만나야 세상에 알려지듯이 현명한 사람도 그를 알아주는 자를 만나야 출세할 수 있음을 비유한 말입니다.
'현자에게 능력을 인정받음'을 뜻하기도 합니다.

주(周)나라 때 어느 날 말 장수가 백락에게 찾아와 자기에게 훌륭한 말 한 필이 있어 이를 팔려고 시장에 내놓았지만 사흘이 지나도 아무도 사려고 하지 않았습니다. 그래서 사례는 충분히 하겠으니 감정해 달라고 신신당부하였습니다. 백락은 시장에 가서 말의 주위를 여러 차례 돌면서 요모조모 살펴보았습니다. 다리, 허리, 엉덩이, 목덜미, 털의 색깔 등을 감탄하는 눈길로 그냥 쳐다보기만 하였습니다. 그리고 나서 아무 말 없이 갔다가는 다시 돌아와서 세상에 이런 명마는 처음 본다는 듯이 또 보곤 하였습니다. 당시 최고의 말 감정가가 천천히 살피는 것을 보자 이를 지켜본 사람들은 구하기 힘든 준마(駿馬)라고 여겨 앞다투어 서로 사려고 하여 말의 값은 순식간에 껑충 뛰었습니다. 결국 이 준마는 백락이 있기 때문에 그 진가가 나타난 것이었습니다.

또 백락의 친구 가운데 역시 말에 대해 안목이 있는

구방고(九方皐)가 있었습니다. 진(秦)나라의 목공(穆公)이 구방고에게 준마 한 필을 구해 오라고 하였습니다. 얼마 후 명마 한 필을 목공에게 데리고 왔는데 목공은 평범한 말이라고 생각하여 구방고를 내쫓으려고 하였지만 백락이 이를 말리고 "정말 훌륭한 말입니다"라고 하였죠. 목공이 다시 자세히 살펴보니 명마 중의 명마였던 겁니다. 이는 여포(呂布)의 적토마(赤兔馬)처럼 아무리 뛰어난 준마가 있어도 이를 알아보는 사람이 있어야만 그 능력이 발휘된다는 말이자 지혜로운 신하가 있어도 이를 알아보는 현명한 군주가 있어야만 그 재능이 발휘될 수 있다는 뜻입니다. 제갈량(諸葛亮)도 유비를 만나고 나서 그의 지혜가 발휘된 것이었죠.

백락의 본명은 손양(孫陽)이며 주나라 사람입니다. 원래 백락은 전설에 나오는 천마(天馬)를 주관하는 별자리인데 손양이 말에 대한 지식이 워낙 탁월하여 그렇게 불린 것입니다.

난세일수록 아부만 하는 신하가 아닌, 영웅호걸과 지혜로운 신하를 알아보는 명군(名君)의 혜안(慧眼)이 필요합니다.

- 大山 -

36. 임제(白虎)가
황진이 묘전에서

예를 갖추고 시를 읊은 뒤
국가 고위층이 기생무덤에서
泣詩(읍시)를 하였다 합니다.
그 일로 인해 제주로 유배간 뒤 광해군 등극 때
천재성 학문을 높이 평가받아
대제학으로 사면 복권된 후
평소 흠모한 한우(당대 최고의 명기)를 찾아가
주안상 앞에 두고 마주보며 읊은 詩 내용입니다.

"寒雨"한우
여인의 마음이 차가운 비와 같다 하여
"한우"라는 호를 붙였습니다.

"북창(北窓)이 맑다커늘
우장(雨裝) 없이
길을 나니
산에는 눈이요
들에는 찬비로다
오늘은 찬비 맞았으니
얼어 잘까 하노라"

임제의 시조에 감명받아
얼음짝 같이 차가운 한우의 마음이 풀려
한우(寒雨)는 이렇게
자신의 치마폭에 멋지게 화답하였습니다.

"어이 얼어 자리,
무슨 일 얼어 자리
원앙침(鴛鴦枕)
비취금(翡翠衾)은
어디 두고 얼어 자리
오늘은 찬비 맞았으니
녹아 잘까 하노라"

애틋한 두사람의 사랑의 大 서사시는
당대 최상의 러브스토리 테마로
지금도 세인들에 가슴을
짓누르게 합니다.

- 大山 -

37. 가화빈야호 家和貧也好
　　불의부여하 不義富如何
　　단존일자효 但存一子孝
　　하용자손다 何用子孫多

— 가정이 화목하면
　　가난한들 어떠하리

　　의롭지 못한 가정에
　　富(부, 재물)가
　　무슨 의미가 있으리

　　단 하나 효도하는
　　자식이 있다면

　　많은 자식이
　　무슨 소용 있으랴

　　- 채근담 -

38. 청산원부동 靑山元不動
백운자거래 白雲自去來

"청산은 원래부터 꿈적 않고 있건만
흰 구름만 스스로 왔다갔다 하네"

진실한 마음은 변함없는데
그것을 바라보는 변화무쌍한
우리네 심사만 수시로 변한다는 것입니다.

아무리 쓸쓸하고 고독한 인생길일지라도
청산의 고고하고 꿋꿋한 자세로 임하겠다는
굳은 의지는 지금까지 불변입니다.

歲月原不動 세월원부동
我己自迂來 아기자왕래

세월은 원래 가만히 있는데
나만 스스로 오고가고 하는구나

- 大山 -

39. 성어중 형어외
誠於中 形於外

속에서부터 참되고 진실되면
저절로 밖으로 드러난다

"육체는 마음의 표출이다"란 말이 있습니다. 다시 말해 마음이 선과악 선하거나 흉칙하고 악하면 육체 밖으로 반드시 드러나게 되어 있다는 말이 됩니다. 결코 감출 수 없다는 이야기입니다.

포악한 맹수들이나 독을 가진 곤충이나 파충류는 징그 럽고 겉이 무섭고 공포적입니다. 하지만 순한 토끼나 양들은 겉모습이 평화롭고 순하고 얌전하게 생겼습니 다. 독버섯 독초들도 겉이 뭔가 이상 야릇합니다. 사람 도 악자나 범법자들은 얼굴이 흉악하고 살기가 있으며 신체 어디엔가 표출해 놓았습니다. 이렇듯 모든 일체 만물들을 표시하였습니다. 선행 또는 악행으로 그 업보 대로 옛모습과 얼굴 인상이 달라집니다. 그래서 춘추 50이면 지천명이라 했습니다. 그래서 "생긴대로 논다. 자신의 얼굴에 책임을 져라"는 말이 생겨났습니다.

인상이 안 좋은 사람은 한번쯤 경계를 해야 한다는 경구 입니다.

- 大山 -

40. 폐월 吠月

吠(개가 짖을 "폐") **月**(달 "월")
"개가 달을보고 짖는다"

일견폐형 (一犬吠形)
백견폐성 (百犬吠聲)

"한마리의 개가 어떤 형태를 보고 짖어대면 백마리 개가 아무 영문도 모르고 따라서 짖어된다는 말입니다."

중국 운남성 해발 2000m 고지 산등성 계곡 마을에는 안개와 군무로 화창한 날과 달보기가 드문 습한 기후를 갖고 있습니다. 그런데 어느 화창한 보름날 둥근 보름달이 만공산하 떠오르니 동네 개가 하늘에 벌겋게 떠있는 달을 보고 깜짝 놀라 짖어대기 시작한 것입니다.

처음의 짖음은 그 까닭이 있겠지만 뒷따르는 짖음은 아무런 까닭도 없이 그저 따라 짖는 것일 가능성이 큽니다. 무작정 남을 따라하는 것을 비유한 말입니다.

폐월(吠月)은
개가 달을 보고 짖는 것으로
견식이 좁은 이가

당연한 대자연의 현상을 보고
신기하게 여겨
떠드는 것을 비유합니다.

자신의 무지를 나타내는 현상을
비유한 말이 됩니다.
자신의 지각이나 사고력없이
남이 하니까 무작정 따라하는
사람들을 보면 참으로 안타깝고
어처구니 없는 일입니다.

"견폐지경"은
개가 짖는 정도의 대수롭지 않는
소란을 비유하는 말입니다.

- 大山 -

41. 호불파산고 虎不怕山高
어불파수심 魚不怕水深

호랑이는
산이 높은 것을
두려워하지 않고
물고기는
물이 깊은 것을
두려워하지 않는다.

또한
물고기는
물과 싸우지 않고
취객은
술과 싸우지 않으며
현인은
세월과 싸우지 않는다.

- 大山 -

42. 백두여신 경개여고
白頭如新 傾蓋如故

"서로 마음을 알지 못하면
늙을 때까지 오래 사귀어도
처음 사귄 벗 같고,
또 서로 마음이 통하면
길에서 처음 만나 인사하여도
오래된 친구와 같다".

- 사마천 - <史記>

'백두여신(白頭如新)'은
머리가 희어질 때까지 오래 사귄 친구도
마음이 통하지 않으면
새로 사귄 친구처럼 소원하다는 말이고,

'경개여고(傾蓋如故)'는
수레를 타고 가다 멈추어
수레 덮개를 기울여
가까이하고 이야기를
나누는 사이처럼,
처음 만났지만 마치 오랜 친구를
대하는 것처럼 잘 통하는 것을 말합니다.

백두여신경개여고 (白頭如新傾蓋如故)는 '사기(史記)'의 '추양열전(鄒陽列傳)'에 나오는 말입니다. 전한(前漢) 초기에 추양이라는 사람이 있었습니다. 그는 양(梁)나라에서 무고하게 사형선고를 받았습니다. 왕에게 자신의 억울함을 호소하는 글을 올렸습니다. 주된 요지는 사람이 사람을 아는 것이 쉽지 않다는 것이었습니다. 양나라 왕은 추양의 글에 감동받아 그를 석방하였을 뿐만 아니라 융숭하게 대접하였습니다.

추양은 아래와 같은 예를 들었습니다.
연(燕)나라 태자 단(丹)을 존경한 형가(荊軻)는 단을 위해 진(秦) 시황제를 암살하러 갔지만 단도 형가를 의심하였고, 초(楚)나라 왕에게 보석을 바친 변화(卞和)도 왕을 기만한 자라고 발이 잘리는 형벌에 처해졌습니다. 또한, 진(秦) 나라를 위해 헌신한 재상 이사(李斯:?~BC 208)도 결국 2세 황제에 의해 저잣거리에서 처형되었습니다. 아무리 오래 사귀어도 서로를 알지 못하면 헛수고한 것과 마찬가지입니다.

반대말로 처음 잠깐 만났는데도 매우 친숙하다는 뜻의 경개여고(傾蓋如故) 또는 경개여구(傾蓋如舊)가 있습니다. 경개(傾蓋)는 원래 수레를 잠시 멈추고 정답게 이야기를 나누는 것을 말합니다.

백발노년에 믿었다고 생각한 상대에게 상처받고 분통하고 가슴 아픈 일이 일어나지 않도록 살펴가야 하겠습니다.

- 大山 -

43. 홍시사토 紅矢射兎
경토도임 驚兎逃林

춘추 전국시대, 황제가 민정 암행시찰을 나갔습니다. 날이 저물자 먼 곳 불빛을 향해 찾아가 대문을 두드렸습니다. 한참 뒤 문을 연 사람은 보름달 아래 천하의 아름다운 아낙이었습니다. 물론 여인도 무언가 자태가 심상치 않은 이런 준엄하고 멋진 사내를 난생 처음 보았습니다. "지나는 객인데 하룻밤만 묵게하여 주시면 감사하겠습니다."고 말하니 여인 홀로 있는 집안에 어찌하여 남자를 들여놓겠느냐고 거절하였습니다. 그럼 마구간이라도 잠시 날샐 때까지만이라도 묵게 해달라고 간곡히 요청하자 괜찮다 싶은 외관 풍채와 자태에 마음을 허락하여 대문 안 마구간으로 모셨습니다. 왕이 의도적으로 찬물 한 그릇을 청하자 두 사람은 눈에 스파크가 일어나면서 떨었습니다. 이를 눈치챈 왕은 다시 방에서 주안상을 청하며 홀로 사는 곡절을 물었습니다.

이 여인이 답하기를 7년 전 양반집으로 시집왔으나 결혼 사흘만에 시아버지가 남편에게 과거에 급제 못하면 고향과 아내에게 올 수 없다는 지엄한 유훈을 남겼다고 합니다. 서방님은 자신이 5년 안에 과거 급제를 못하면 다른 곳으로 출가해도 좋다고 하였지만 한양간 지 7년이 되었습니다. 5년 전 아내가 보고 싶어 몰래 밤에 다녀갔었는데 2년 후에도 낙방하면 당신을 매여둘 수 없으니 새로 출가하라 하였습니다. 아내가 옥궁이기에 남의 남정네와 간혹 정사가 있다면 이에 면책하고 자신을 내치지만 말아줄 것을 당부하고 갔습니다만...

그래서 오매불망 서방님 오시길 기다리며 지금 혼자 살고 있다고 하였습니다. 이에 왕은 좋은 인연과 관계를 제안하였으나 아낙은 자신의 배꼽 아래 옥문에 서방님이 토끼를 그려 놓았는데 정사 시 지워지면 서방님에게 모든 신의가 없어지니 불가하다 말하자 왕이 이 모든 것은 자신이 책임질터니 믿어보라 하여 왕을 보니 참으로 근엄하고 무언가 믿음직스러웠습니다.

두 사람은 전설 같은 만리장성을 날새도록 쌓고 또 쌓고 더욱 더 성욕을 신비하게 쏟았습니다. 여인의 광천수는 장대비 같이 쏟아지고... 전설 같은 정사 후 왕은 사라진 음궁위 토끼 대신에 양쪽 사타구니에 다음과 같은 글을 새겼습니다.

紅矢射兎 (홍시사토)
驚兎逃林 (경토도임)
"붉게 달아오른 붉은 화살로 토끼를 사격하니 깜짝 놀란 토끼가 숲속(옥궁)으로 줄행랑을 쳤다"는 이야기입니다.

그리고 두 사람은 작별을 하고 왕은 유유히 사라졌습니다. 한편 서방은 보고 싶은 마음을 참을 수 없어 또다시 밤중에 몰래와 정사를 하려고 보니 토끼는 간 곳 없고 글을 보니 너무나 멋지고 감동적이었습니다. 작시의 깊은 지공에 머리가 저절로 숙여지고 자신을 2년만 더 기다려 준다는 부인의 언약을 불문에 붙이고 다음날 한양으로 가야 했습니다. 서방인 샌님은 시험을 치르기 위해 과거 시험장에 차분히 앉았습니다. 잠시 후 황제폐하가 등장합니다.

– 과거시험장 –
"황제폐하" 납시오~~

임금이 등장하며 용석에 좌정하더니 "여봐라~~
이번 제7회 시제는 짐이 직접 출제 하겠노라"하니 문무백관 대신들은 "성은이 하해와 같습니다."라며 집필묵을 대령하였습니다.

황명으로 출제하다
– 詩文問題 –
(紅矢射兎　ㅇ ㅇ ㅇ ㅇ)
홍시사토 다음에 들어갈
4자를 써넣어라는 문제였습니다.

상기 시제를 받아본 남편은 깜짝 놀랐습니다.
'아니 이글은 부인의 사타구니에 새겨진 글이 아닌가?'
놀라면서 '경토도임' 네 글자를 써 넣었습니다.

얼마 후 합격자 발표 대자문에 문제 답은 〈경토도임〉
이며 과거급제는 샌님을 지목하는 ㅇㅇㅇ라 써 있는 것
입니다. 이후 왕을 독대하고 도승지(왕에 명을 하달하
고 직무대리 하는 사람)라는 고위층에 등극하여 꽃가
마 페레이드를 하면서 금의환향으로 고향에 돌아왔습
니다.

온 동네에 경사가 났으며 그 후 자식들 많이 낳고 대대
로 잘 살았다는 전설 같은 이야기입니다. 당시 황제에
성은을 입으면 가문대대로 영광이었습니다.

슬기로운 조강지처, 즉 "백락일고"가 중요하다는 깨달
음을 주는 이야기입니다.

家有賢妻 遭橫禍 (가유현처조횡화)
집안에 지혜로운 처가 있다면 갑작스런 우환이나 환난
이 닥치지 아니한다는 속담이 실감나는 대목입니다.

- 大山 -

44.

인고유일사
혹중어태산
혹경어홍모
人固有一死
或重於泰山
或輕於鴻毛

- 사기 - <보임소경서>외 한자 고전 명언들

人固有一死 或重於泰山 或輕於鴻毛
(인고유일사 혹중어태산 혹경어홍모)

- 사기 - <보임소경서>

사람은 누구나 한 번 죽는다. 그 죽음이 태산보다 무거운 이도 있고 기러기 깃털보다 가벼운 이도 있다.

智者千慮 必有一失 愚者千慮 必有一得
(지자천려 필유일실 우자천려 필유일득)

- 사기- <회음후렬전>

지혜로운 사람도 천 번을 생각하면 한 번의 실수가 있을 수 있고, 어리석은 사람도 천 번을 생각하면 한 번은 얻음이 있을 수 있다.

繩鋸木斷 水滴石穿 (승거목단 수적석천)

- 한서- <매승전>

노끈으로 톱질해도 나무를 자를 수 있고 물방울이 떨어져도 돌에 구멍을 낸다.

若要人不知 除非己莫爲 (약요인불지 제비기막위)

- 한 매승 - <상서간오왕>

남이 알아서는 안 되는 일이라면 자신도 말 해서는 안 된다.

少壯不勞力 老大徒傷悲 (소장불노력 노대도상비)

- 한 악부 - <장가행>

젊어서 노력하지 않으면 늙어서는 오직 상심과 슬픔 뿐이다.

疾風知勁草 歲寒見後凋 (질풍지경초 세한견후조)

- 후한서 - <왕패전>

세찬 바람이 불어야 억센 풀인지 알 수 있고,
추워진 뒤에야 잎이 늦게 떨어짐을 볼 수 있다.

失之東隔 收之桑楡 (실지동우 수지상유)

- 후한서 - <풍이전>

동쪽에서 잃어버리고 서쪽에서 거두어 들인다.

精誠所至 金石爲開 (정성소지 금석위개)

- 후한서 - <광릉사왕형전>

정성이 지극하면 쇠와 돌도 열린다.

貧賤之知不可忘 糟糠之妻不下堂
(빈천지지불가망 조강지처불하당)

- 후한서 - <송흥전>

가난할 때 사귄 친구는 잊어선 안 되고 변변치 않은
음식을 함께 먹었던 아내는 버려선 안 된다.

志士不飮盜泉之水 廉者不受嗟來之食
(지사불음도천지수 염자불수차래지식)

- 후한서 - <열녀전>

뜻 있는 선비는 도천이란 이름의 샘물을 마시지 않고,
청렴한 사람은 '와서 먹게'하고 주는 음식을 먹지 않는다.

老驥伏櫪 志在千里 烈士暮年 壯心不已
(노기복력 지재천리 열사모년 장심불이)

- 삼국 조조 - <구수수>

준마는 늙어 마구간에 있어도 뜻은 천리를 달린다.
열사는 늙었어도 마음까지 끝난 것은 아니다.

山不厭高 海不厭深, 周公吐哺天下歸心
(산불염고 해불염심, 주공토포천하귀심)

- 삼국 조조 - <단가행>

산은 높아지기를 마다 않고 바다는 깊어지기를 꺼리지
않는다. 주공이 입안의 음식을 뱉으며 인재를 환영하자
천하가 마음을 열었다.

非學無以廣才 非志無以成學
(비학무이광재 비지무이성학)

- 삼국 제갈량 - <계자서>
배우지 않으면 재능을 펼칠 수 없고
뜻이 없으면 학문을 성취할 수 없다.

非淡泊無以明志 非寧靜無以致遠
(비담박무이명지 비영정무이치원)

- 삼국 제갈량 - <계자서>
담박하지 않으면 뜻을 밝힐 수 없고
고요하지 않으면 먼 곳에 이를 수 없다.

勿以惡小而爲之 勿以善小而不爲
(물이악소이위지 물이선소이불위)

- 삼국지 - <유비>
악이 작더라도 행하지 말 것이며,
선이 작더라도 행하지 않아선 안 된다.

國以民爲本 民以食爲天 (국이민위본 민이식위천)

- 서진 진수 - <삼국지>
나라는 백성을 근본으로 삼고
백성은 먹는 것을 하늘처럼 여긴다.

不戚戚於貧賤 不汲汲於富貴
(불척척어빈천 불급급어부귀)

- 동진 도연명 - <오류선생전>

가난하고 천하게 살아도 걱정하지 않는다.
부귀를 얻지 못해 조바심 내지도 않는다.

一年之計在於春 一之計在於晨
(일년지계재어춘 일일지계재어신)

- 남조 - <소탁>
한 해의 계획은 봄에 세워야 하고
하루의 계획은 새벽에 세운다,

寧爲玉碎 不爲瓦全 (영위옥쇄 불위와전)

- 북제서 - <원경안전>
옥이 되어 부서질지언정
하찮게 완전한 기와가 되지 않겠다.

45. 성년부중래

盛年不重來　성년부중래
一日再難晨　일일재난신
及時當勉勵　급시당면려
歲月不待人　세월부대인

성년은 거듭 오지 않고
하루에 두 번
아침 되기는 어려우니,
좋은 때를 잃지 말고
마땅히 힘써라.
세월은 사람을
기다리지 않는다.

- 도잠 陶潛 -

청춘을 던져 버리듯
헛되이 세월과
건강을 잃지 말라는
뜻깊은 교훈입니다.

- 大山 -

46. 대부재천 大富在天
소부재인 小富在人

大富在天 대부재천
小富在人 소부재인
"큰 부자는 하늘이 명하고
작은 부자는 지금 자신에 달렸다"

다시 말해,
큰 부자는 못 되더라도 성실히 노력하면
작은 부자라도 될 수 있다는 말이 됩니다.

따라서 타고난 처지를 원망하고 조상탓 하는 것은 결국
무지하고 어리석은 사람입니다. 열심히 산다면 안락한
小富(소부)를 이룰 수 있는 것입니다.

- 大山 -

47. 월하선사 月下禪師

노천당 老天堂

一

實相離言(실상이언) 眞理非動(진리비동)
진실한 모습은 말을 떠났고 진리는 움직이지 않는다.

心不是佛(심불시불) 智不是道(지불시도)
마음은 부처가 아니요. 지혜는 도가 아니다.

心若不在(심약부재) 隨處解脫(수처해탈)
마음이 만약 있지 않다면 가는 곳마다 해탈일지니라

輕上生罪(경상생죄) 侮下無親(모하무친)
윗사람을 가벼이 여기면 죄가 생겨나고
아랫사람을 업신여기면 가까이하는 이가 없다.

淸白家風直似衡 (청백가풍직사형)
豈隨高下落人情 (기수고하락인정)
秤頭不許蒼蠅坐 (칭두불허창승좌)
些子傾時失正平 (사자경시실정평)

맑고 밝은 가풍은 곧기가 저울과 같은데 어찌 고하(高下)에 따라서 인정(人情)을 쓸 것인가. 저울대 머리에는 파리 한 마리도 앉지 못하게 하거늘 조금이라도 기울 때는 평정(平正)을 잃는다.

一切不留(일체불유) 無可記憶(무가기억)
虛明自照(허명자조) 不勞心力(불로심력)
非思量處(비사량처) 情識難測(정식난측)

모든 것이 머물러 있지 않으니 가히 기억할 만한 것이 없으며, 허허로운 밝음이 스스로 비추나니 애써 마음 쓸 일도 아니로다. 생각으로 헤아릴 수 있는 것이 아니요. 미혹한 마음으로 알기 어렵다네.

- 大山 -

48. 금지타사 후지아사
今之他事 後之我事

"지금 남의 일이 후일 나의 일이 된다."

우리는 문득 우리 주변 지인들이 한두 분씩 사라져 갑니다. 작고하신 분들을 목도하며 무심코 종종 선명하게 그들이 떠오를 때가 있습니다. 그리고 문상을 가고 영안실에서 무엇을 생각하게 됩니다. 나와는 무관한 일일까요?

그들은 왜 죽었는가? 진짜 죽었는가?
다시는 살아서 돌아오지 못하는가?
꿈인가, 생시인가 필시 꼭 살아있는 것 같습니다.
죽음은 무엇인가?
근데 나는 왜 살아있는가?
그리고 난 언제 죽을 것인가?
그렇다면 죽기 전에 해야할 일들은 무었이며
무엇을 추구하며 죽음의 종착역으로 가야 하는가?
어떠한 명제는 없는 것인가?
참으로 무상하고 암담합니다. 따라서 기본적인 버킷리스트를 작성해야 한다고 성인들은 말합니다.

회자정리(會者定離)
거자필반(去者必返)
생자필멸(生者必滅)

만나면 언젠가는 헤어지며 떠난 사람은 언젠간 돌아올
수도 있고 살아있는 것은 반드시 죽는 법입니다.

- 大山 -

49. 청산불묵천추병
靑山不墨千秋屏

청산불묵천추병
(靑山不墨千秋屏)
류수무현만고금
(流水無絃萬古琴)

靑山은 그림이 아닌 千年의 병풍(屏風)이요
흐르는 물은 줄이 없는 萬古의 거문고로구나.

청산무화화장소
(靑山無話花長笑)
유수다정조병가
(流水多情鳥併歌)

靑山은 말이 없어도 꽃은 오래도록 웃고
유수(流水)는 다정(多情)해서 새와 함께 노래하누나.

- 大山 -

50. 산책가 散策歌

一

山中何所有 嶺上多白雲 (산중가소유 령상다백운)
산중에 무엇이 있는가? 산마루에 떠도는 흰구름

只可自怡悅 不堪傳贈君 (지가유이열 불감전증군)
다만 스스로 즐길 뿐 그대에게 보내줄 수 없네.

泉聲中夜後 (천성중야후)
시냇물 소리는 한밤중의 것이 그윽해서 들을만하고

山色夕陽時 (산색석양시)
산빛은 해질녘이 되어야 볼만하다 하듯이 동반자의
선택은 각자 후회없는 동반자를 만나야 한다.

덧없는 세월 속에서 의미없는 삶으로 막을 내린다면
우리 인간사가 너무 허무하지 않겠는가?

- 大山 -

51. 호랑이의 뼈는 그리기 어렵다

화호화피 화난골 (畫虎畫皮 畫難骨)
지인지면 지심불 (知人知面 知心不)

"호랑이를 그리되 그 껍데기만 그리지 그 뼈를 그리기
는 어렵고 사람은 알되 얼굴만 알지 그 마음을 알기는
어렵다"
- 명심보감 -

호랑이를 그리는데 겉모습만 그리지 그 속 뼈나 내장 등
은 그리기가 난해하며 열 길 물속 깊이는 알 수 있어도
사람의 한 길 속마음은 알 수 없다는 얘기입니다.

사나운 짐승은 굴복시킬 수 있지만 사람의 간교한 마음
은 결코 굴복시킬 수 없고 산골짜기는 메울 수 있어도
사람에 마음은 결코 채울 수가 없습니다.

요즘 세태가 경제적으로 힘들다보니 유불리를 따지는
철처한 개인주의로 변할 수 있습니다.

본연의 애정, 인, 의, 예, 지, 신을 갖춘 사람을 찾아보기
힘든 세상입니다.

언제나 사심없이 희노애락을 즐길 수 있는 진정한 쟁우
는 그리 쉽게 만날 수 없는 법입니다.

- 大山 -

52. 사마골오백금
死馬骨五百金

"죽은 말의 뼈를 황금 오백만냥에 사다"

작은 것을 귀하게 여겨 큰 것을 얻는다.

연(燕)나라 소왕은 부왕을 살해하고 나라를 짓밟은 제나라에 대한 복수를 생각했습니다. 이에 고민하던 중 인재를 모으고자 스승이었던 곽외를 찾아갔습니다. 곽외가 말했습니다.

"옛날 한 임금은 천리마를 구하기 위해 죽은 천리마의 뼈를 5백금을 주고 샀습니다. 죽은 천리마 뼈가 5백금이란 말에 천리마를 가진 이는 먼 길을 마다 않고 찾아왔습니다. 애쓰고 돌아와도 구하기 힘들었던 천리마를 앉아서 얻은 것입니다. 임금께서 먼저 신을 5백금으로 사십시오. 그러면 살아 있는 천리마 같은 인재가 사방에서 찾아올 것입니다."

소왕은 곽외를 스승으로 모시고 정성을 다해 받들었습니다. 이 소문이 퍼지자 과연 악의(樂毅), 추연(鄒衍), 극신(劇辛)같은 명장과 명사들이 너나 할 것 없이 연나라로 찾아왔습니다.

105

소왕은 백관들과 28년간 고락을 함께 하며 나라를 키웠
고, 악의를 상장군으로 하여 단숨에 제나라를 휩쓸고
그토록 바라던 복수를 할 수 있었습니다.

- 大山 -

53. 천만매린 千萬買隣

중국 남북조시대의 역사서 남사(南史)에 나오는 이야
기입니다. 송계아라는 고위관리가 정년퇴직 후 살집을
보러 다녔습니다. 그러다가 여승진이란 사람의 이웃집
을 천백만금을 주고 샀습니다.

소문을 들은 여승진이 송계아를 만나 백만금이면 사는
집을 어찌하여 천백만금이나 줬느냐고 물었습니다.
송계아는 집값은 백만금이지만 당신처럼 좋은 이웃을
얻는데 천만금을 더 지불했다고 대답했습니다.

백만매택(百萬買宅) 천만매린(千萬買隣)이라는 고사
가 여기서 나왔습니다. 집을 사는 데는 백만금이지만
좋은 이웃을 사는데는 천만금이라는 뜻입니다.

사람들은 좋은 이웃을 찾아 비싼 값을 마다하지 않고
이사를 갑니다. 그들의 좌우명은 맹자의 공부를 위해 세
번 이사했다는 '맹모삼천지교'인 것 같습니다.

성경을 보면 한 율법선생이 예수님께 영생을 얻는 길을 여쭙니다. 예수님은 주 하나님을 사랑하고 네 이웃을 사랑하라고 가르쳐주십니다.

좋은 이웃을 만나기 위해서라면 천만금을 주고서라도 이사를 갈만한 가치가 있다는 것입니다.

여러분 주변의 친구들이 도처 선현이 되어 주변 이웃들에게 천만금의 가치를 높여 줄 수 있는 선각자가 될 수 있지 않을까 생각해 봅니다.

- 大山 -

54. 사위지기자사
여위열기자용
士爲知己者死
女爲悅己者容

사위지기기자사 여위열기자용 (士爲知己者死, 女爲悅己者容)은 '선비는 자기를 알아주는 사람을 위해 목숨을 바치고, 여자는 자기를 사랑하는 사람을 위해 화장을 한다'는 뜻으로 사마천의 사기 자객열전(刺客列傳)예양(禮讓)편에 나오는 구절입니다. 예양은 사마천이 자객 열전에서 서술한 다섯 명의 자객 조말(曹沫) 전제(專諸) 섭정(聶政) 예양(禮讓) 형가(荊軻) 중에 한 사람으로서 자신을 알아준 주군(主君)을 위해 목숨을 바쳐 복수를 감행하는 충의(忠義)의 선비로 알려져 있습니다.

예양은 춘추시대(春秋時代) 말기 진(晉)나라의 분열 과정에서 가장 세력이 강했던 지백(智伯)의 휘하에 들어가서 총애를 받았지만 지백은 만용을 부리다가 조양자(趙襄子) 등의 연합세력에 패배하여 일가까지 모두 몰살 당합니다. 예양은 산속으로 도주하여 '선비는 자기를 알아주는 사람을 위해 목숨을 바치고, 여자는 자기를 좋아 하는 사람을 위해 화장을 한다'라고 하면서 조양자를 없애 지백의 복수를 할 것을 다짐합니다.

예양은 이름을 바꾸고 죄인들 틈에 끼여 조양자의 궁중에서 변소의 벽을 바르는 일을 하면서 기회를 노려 비수를 품고 습격하려다 발각되었지만 조양자가 그의 충의를 높게 사서 풀어줍니다. 예양은 다시 복수하려고 조양자가 다니는 다리 밑에 숨어 기회를 노렸으나 또 실패하자 조양자에게 청하여 의복을 받아 칼로 베어 죽은 주군에 보답(報答)하고 자신도 자결을 합니다. 이 소식을 들은 조나라 선비들이 모두 예양을 애도하며 울었다고 합니다.

자객열전에 나오는 예양의 복수극을 요약하면 대략 위와 같은데 예양이 복수에 실패하고 자결하려 할 때 조양자가 왜 그토록 집요하게 복수를 하려는가 묻자 예양은 지백이 자신을 국사(國士)로 대우했기 때문에 자신도 거기에 걸맞게 보답하려 했기 때문이라고 답하는 장면이 매우 인상적입니다. 자기를 알아주는 사람, 게다가 국사로까지 자신을 높게 인정하며 대우해준 사람을 위해 온갖 고난을 무릅쓰고 목숨을 바쳐 복수하려는 예양의 자객 스토리는 사마천의 붓끝을 통해 생생하고 감동적으로 기술되어 무명의 예양을 일약 역사의 무대 위에 선비의 당당한 표상(表象)으로 자리잡게 했습니다. 이후 후세 사람들에게 진한 감동을 던져주게 된 것입니다.

그러면서 사마천은 자객열전의 말미(末尾)에 '조말로부터 형가에 이르기까지 다섯 사람은 그 뜻을 이루기도 하고, 또 이루지 못하기도 했지만, 그 뜻을 세움이 빛을 비추듯 분명하니 이를 속이지 않고 이름을 후대에 드리우도록 해야 힙니다.

어찌 헛되이 하랴!'라고 자평(自評)을 기술하면서까지 이들의 장부다운 당당한 면모를 기려주고 있습니다. 사마천이 당대의 가치인 충효(忠孝)만이 아니라 의협(義俠)을 중시하는 남다른 역사가라는 면모가 돋보이는데 현대 중국에서도 사마천의 이러한 면을 진보적이라고 보고 높게 평가한다는 말도 들은 바 있습니다.

- 大山 -

55. 이순신 장군의
誓海魚龍動 盟山草木知
서해어룡동 맹산초목지

誓海魚龍動 서해어룡동
바다에 서약하니 물고기와 용이 감동하고,
盟山草木知 맹산초목지
산에 맹세하니 초목이 아는구나.

고대의 전쟁론으로 풀이하자면 용이 자기 몸보다 몇 배나 더 큰 거대한 코끼리를 집어 삼키는 대사탄상의 기세로 임해야 한다는 것입니다. 그렇게 한다면 서해어룡동 맹산초목지. 즉, 바다는 나의 진실된 마음을 알아주고 산천초목도 나의 죽음을 기억한다고 합니다.

天步西門遠 君儲北地危 천보서문원 군저북지위
선조 임금은 저 멀리 서쪽 변경의 의주까지 피난 가고, 태자가 지키는 마지막 전선은 위태롭기 짝이 없다.

孤臣憂國日 壯士樹勳時 고신우국일 장사수훈시
핍박받고 쫓겨난 한 사람 충신만이 위기에 빠진 나라를 구할 걱정으로 밤을 지새우는데, 국가의 녹봉을 타먹은 장군 사대부로서 이제 나라를 구하기 위해서 직접 나설 때가 왔도다!

誓海魚龍動 盟山草木知 서해어룡동 맹산초목지
사즉생의 자세로 죽음을 각오하고 싸우기를 바다에다
맹세하니 바닷속의 용도 감동하여 하늘 높이 솟구쳐
날아 오르고, 산에다 맹세하니 초목도 놀라 소스라 치고
바람처럼 반기네.

讐夷如盡滅 雖死不爲辭 수이여진멸 수사불위사
나라를 두 동강 낸 원수들을 모조리 싹쓸어 없애 버릴
수만 있다면, 내가 죽어도 무슨 여한이 더 있겠는가?
– 이순신 장군 한시 1592년 5월 말 이후 –

맨 끝의 구절 "雖死不爲辭"(수사불위사)를 "죽어도 사
양하지 않겠다"라고 해석하는 것은 잘못된 번역입니다.
여기의 辭(사)는 '사양하다'의 뜻이 아니라 사세(辭世)
라는 의미이기 때문입니다. 辞世(사세)는 세상을 떠나
다, 이별하다, 즉 마지막 죽음의 순간을 뜻하는 말입니
다. 사람이 마지막 죽는 순간에는 짧은 한 마디 말이라
도 남깁니다. 1598년 12월 16일 이순신 장군은 '전쟁터
의 상황이 매우 위태로운 지경이니 나의 죽음을 적에게
알리지 말라!'는 "戰方急愼勿言我死"(전방급신물언 아
사)의 사세구를 남기고 하늘나라로 떠났습니다.

많은 사람들의 이순신 장군의 마지막 남긴 말이 "죽음(
死)"이라는 단어였다는 것을 놓치는 경우가 있지만 이
순신 장군의 이승에서 마지막 단어는 바로 "죽음"이라는
말이었습니다. 프루스트의 유명한 "잃어버린 시간을 찾
아서" 제목의 소설에서도 나오듯이, 프랑스의 당시 죽음

관을 설명하는 프루스트의 이 소설에서 독일의 한 왕의 사세구는 "죽음"이라는 단 한 마디 말이었다는 것을 전하고 있습니다. 나의 어머니께서도 내가 들었던 어머님의 마지막 말은 "죽었다"라는 죽음의 단어였습니다. 사세구(辭世句)는 세상을 하직하면서 마지막 죽음의 순간 남기는 마지막 유언에 해당합니다. 사람이 천수를 누리고 자연사하는 경우 대개 자기 죽을 날짜와 시간을 미리 알게 되는데 그 때가 이르면 후손들을 죽음의 병상으로 불러 들이고 마지막 유언을 남기는 절차를 밟습니다. 임금에 항명하여 사약을 받고 사형당할 때도 마지막으로 유언의 말을 남기도록 하는데 이 마지막 유언의 구절을 사세구(辭世句)라 합니다.

유구한 역사를 자랑하는 중국에 단 한 명의 여성혁명가가 존재했는데 그녀의 이름은 추근(秋瑾)입니다. 鑑湖女俠(감호여협) 추천(鞦韆) 추근이 신해혁명의 완성을 보지 못하고 형장의 이슬로 사라질 때 그녀가 남긴 사세구는 "秋風秋雨愁煞人"(추풍추우수살인)이었습니다. '가을 비바람에 근심걱정으로 소스라치게 놀라고 애태우며', 이렇게 번역되는 이 절명시 구절은 제 아무리 혁명가일지라도 사람은 죽음 앞에 선 순간 두렵지 않을 수 없을 것이라는 생각이 들게 만듭니다.

秋風秋雨愁煞人 寒宵獨坐心如搗
(추풍추우수살인 한소독좌심여도)
'가을 비바람에 근심 걱정으로 소스라치게 놀라고 애태우며, 겨울 밤 홀로 앉아 있으니 마음은 바늘이 가슴을 찌르듯 아픔만 더해 오네'. 그래서 죽음은 오로지 죽음으로써만 극복될 수 있을 것입니다. 죽음이 없다면 어찌 부활의 새 생명이 있겠습니까?

전장에서 적의 총탄에 맞아 목숨을 잃는 경우 비명횡사하기에 미처 유언을 남기지 못하고 급히 저 세상으로 황망히 떠나게 되는 때 이순신 장군은 이런 경우를 당해도 괴이치 않겠다는 즉 "사즉생"의 각오를 다진 표현입니다.

- **大山** - 발췌하다

56. 승거목단 수적석천
繩鋸木斷 水滴石穿

노끈으로 톱질하여도 나무를 자를 수 있고,
물방울이 떨어져 돌에 구멍을 낸다.

- 채근담 -

心不在焉 視而不見 심부재언 시이불견
聽而不聞 食而不知其味 청이불문 식이부지기미

마음이 있지 아니하면 보아도 보이지 않고,
들어도 들리지 않고, 먹어도 그 맛을 알지 못한다.

- 大學 -

人生到處有上手 인생도처유상수
도처에 잘난 사람이 많으니
항상 몸을 낮추고 겸손하게 살아야 합니다.

贈人以言, 重於金石珠玉 증인이언, 중어금석주옥
좋은 말을 선사하는 것은
보석을 선사하는 것보다 귀합니다.

- 大山 -

57. 현인이소 賢人易疎
소인이친 小人易親

"현명한 사람은 멀리하기 쉽고 소인배는 친해지기 쉽다"

현명한 사람은 막 되먹은 언행을 삼가며 상대에게도 품격을 원합니다.

지적을 받은 소인배는 꾸짖음을 싫어하며 달콤한 말을 원합니다. 그래서 자신과 유사한 배은망덕한 사람하고 친해지고 싶어합니다. 따라서 "유유상종" 끼리끼리란 말이 생겨났습니다.

현명한 사람은 나의 삶에 유익하지만 소인배는 결국 해를 끼칩니다.

나의 주변 현인들은 누가 있는가?
또 현인과 우정을 나눌 공적을 쌓아 가고 있는가?

한번 돌이켜 생각하면 나의 자화상이 나옵니다.
인적 자원은 가장 큰 자산입니다.

- 大山 -

58. 과이개지 過而改之
선막대언 善莫大焉

"잘못했어도 그것을 고친다면, 더 큰 훌륭함은 없다"

過(과)는 過誤(과오) 즉 잘못을 뜻합니다. 過去(과거)
에서처럼 지나가다는 뜻이 있고, 過猶不及(과유불급 ·
지나침은 모자람과 같다)에서처럼 정도가 지나치다는
뜻도 있습니다. 여기서는 앞의 過(과), 즉 그 잘못을 가
리킵니다. 사람은 누구나 잘못을 범할 수 있습니다. 그
런데 일반적으로 남에게는 엄하지만 자기에게는 관대
하기 마련이어서, 자기 잘못에 대해서는 곧잘 그것을
모른 척하고 심지어는 합리화합니다. 그래서 잘못을 고
치기 어렵습니다. 또 잘못을 분명히 인식해도 그 잘못은
흔히 본래 지닌 약점에서 비롯된 경우가 많아 재발하기
쉽고 고치기 힘듭니다. 그래서 공자도 不二過(불이과 ·
같은 잘못을 반복하지 않음)를 수신의 중요한 항목으로
강조했습니다.

위의 내용은 잘못을 간하러 온 신하에게 눈치 빠른 왕이
잘못을 고치겠노라고 미리 얘기하자 신하가 대답한 말
입니다. 왕은 후에도 잘못을 고치지 못했지만 신하의 이
말만은 명언으로 남았습니다. '左傳(좌전)'이란 역사책
에 나옵니다.

- 大山 -

59. 일부당관 만부막개
一夫當關 萬夫莫開

"한 사람이 관문을 지키면 만 사람이 와도 뚫지 못 한다"

수비하기는 쉽고 공격하기는 어려운 험한 지세를 비유하는 고사성어입니다. 중국 당(唐)나라의 시인 이백(李白)이 지은 〈촉도난(蜀道難)〉의 한 구절입니다. 일부당관 만부막적(一夫當關 萬夫莫敵)이라고도 합니다.

〈촉도난〉은 지금의 쓰촨성[四川省] 일대인 촉 땅으로 통하는 길의 험난함을 노래한 악부시입니다. 이백은 인생살이의 험난함을 촉도의 험난함에 빗대어 노래하였습니다.

"촉도의 험난함이여,
푸른 하늘에 오르기보다 어렵구나.
말만 들어도 홍안(紅顏)이 시들고,
잇닿은 봉우리와 하늘 사이는 한 자도 안 되네.
마른 소나무는 절벽에 거꾸로 매달려 있고,
나는 듯 흐르는 여울과 쏟아져 내리는
폭포수가 다투어 소란한데,
벼랑을 치고 돌을 굴려
골짜기마다 우레소리 가득하구나.

그 험준함이 이러하거늘,
아아, 그대 먼 길손이여,
어이하여 왔는고!
검각(劍閣)이 가파르고 우뚝하니,
한 사람이 막아서면
만 사람도 뚫지 못하리
(一夫當關, 萬夫莫開)….”

(一夫當逕, 足懼千夫)
일부당관 족구천부

한 사람이 길목을
제대로 지키면
천명의 적도 얼마든지
상대할 수 있습니다.

- 大山 -

60. 지구라는 멋진 펜션

우리는 지구라고 하는 멋진 펜션에 잠시 왔다가는 여행객들입니다. 적어도 지구를 우리가 만들지 않았고 우리가 값을 치르고 산 것이 아닌 것은 분명합니다. 그렇다면 우리가 이 펜션의 주인은 아니겠지요. 그리고 다들 일정 기간 후에 떠나는 것을 보면 이곳에 여행 온 것이 맞는 듯합니다. 단지, 여행의 기간이 3박 4일이 아닌 70, 80년 정도일 뿐인데, 우리는 여행온 것을 잊을 때가 많습니다.

펜션의 주인이 조용히 지켜보는 가운데 이 여행객들은 서로 자기들의 방을 잡고는 마치 진짜 자기 집인양 행세하기 시작합니다. 다른 방에 있는 여행객들이 한번 들어와 보고 싶어 하면 복잡한 절차를 거쳐 일정한 값을 치르고 들여보냅니다. 심지어 싸우기도 합니다. 다른 방을 빼앗기 위해 싸우기도 하고 다른 여행객들이 가진 것을 빼앗기도 하고 목숨을 해하기도 합니다. 우리는 펜션 주인이 제공하는 햇빛과 물, 공기와 같은 너무나 비싼 서비스를 공짜로 이용하면서 심지어는 방들도 공짜로 이용하면서 서로에게는 값을 요구합니다.

과연 이 펜션에 우리 것이 있을까요? 우리는 여행객 인 걸요. 마음씨 좋은 주인이 함께 누리라고 허락해준 이 아름다운 여행지에서 다 함께 여행을 즐기면 어떨까요? 여행을 소중히 여겨 주세요. 나에게도 딱 한번 이지만 다른 사람에게도 딱 한번 있는 여행이니까요~

2023년, 최신형 고성능 열차로 옮겨탄 후 머지않아 종착역인 마지막 저승행 북망산천으로 달리는 열차로 환승해야 합니다. 우리는 또 다시 따지고 헐뜯고 질투하고 음해하고 싸울런지도 모릅니다.

참 가슴 아픈 일입니다.

내일부터라도 본연의 애정으로 잉태하여 감사와 배려와 은혜와 양보와 사랑으로 희망찬 날을 활짝 열어 가시옵소서~~^^

- 大山 -

61. 역려과객 逆旅過客

"세상은 여관(旅館)과 같고 인생은 나그네와 같다"

역려과객은 판소리 단가의 하나로,

"역려같은 천지간의 과객 인생들아,
백년인들 그 얼마뇨?"라는 사설로 시작하기 때문에
붙은 명칭입니다.

역려(逆旅)란 '나그네를 맞이한다'는 뜻으로 여관을
일컫는 말입니다.

지나가는 나그네와 같이 아무 관계도 없는 사람을 지칭
할 때 쓰이는 말입니다.

원래 이백의 '춘야연도리원서(春夜宴桃李園序)'란 글
의 첫 문장인, "무릇 천지란 만물이 머무는 여관이요,
광음은 백세의 나그네와 같다"에서 나온 말입니다.

- 大山 -

62. 휴먼테크시대

富(부) 이야기

"재산에는 투트랙이 있다"

서양의 엘빈토플러는 재산을 화폐와 비화폐로 분류하였고 동양에서는 有形(유형)재산과 無形(무형)재산으로 정의하였습니다. 화폐나 유형은 글자 그대로 형태가 있는 현품들입니다. 집, 통장 잔고, 자동차, 현금, 귀금속 등입니다. 그런데 유형재산이 유지되고 증식될려면 무형재산이 뒷받침 되어야 합니다. 만약 무형재산이 없다면 유형재산은 어느새 다 까먹고 소멸되며 회복이 불가능하게 된다는 논리입니다.

무형재산은 형태가 없지만 재산의 근원입니다. 우리 주변에 흔히 어떤 이가 옛날에 잘나갔다든가 혹은 부모 유산, 로또 등으로 갑자기 큰돈을 보유했으면서도 얼마 안가서 경제적 몰락을 합니다. 그런 사람을 정밀하게 들여다보면 그 이유는 무형재산이 없었기 때문입니다. 무형재산이 없어 유형재산을 보수, 유지할수 없었기 때문입니다.

그러면 무형재산이란 무엇일까요? 글자 그대로 형태가 없습니다. 하지만 무형재산 없이 유형재산은 증식될 수 없습니다. 진정한 큰 자산입니다.

그 사람의 지식, 건강, 기술, 자신만의 라이센스, 인허가 보유, 광권, 공인권리증, 사회적 지위, 능력 등 다수 있습니다. 무지한 사람이나 병석에 누운 사람이 자산을 유지할 수 없는 것입니다. 지식은 큰 자산입니다. 그리고 무형 중 가장 중요한 핵심은 사람입니다.

다시 말해 , 당신이 누구를 알고 있느냐가 중요합니다. 당신 주변에 지식층, 건강한 사람, 사회적 직위가 높은 사람 등이 많아 알찬 경제정보와 지원을 받는다면 재산은 유지, 증식될 수 있다고 말합니다. 따라서 근대를 제조나 생산시대가 아니라 "휴먼테크시대", "휴먼 인프라 시대"라고 말하는 것입니다.

내 주변에 지식인과 선각자, 앞을 내다보는 혜안을 지닌 신뢰 있는 사람이 누가 있습니까? 좋은 관계 설정인지 한번쯤 회상하여 본다면 자신의 자화상이 될 것입니다.

돌산에서 - **大山** -

63. 노요지마력 路遙知馬力
일구견인심 日久見人心

― 먼 길을 가봐야 그 말의 힘을 알 수 있고
세월이 흘러 봐야 그 사람의 마음을 알 수 있습니다.

노요와 마력은 좋은 친구였습니다. 노요는 부자였고 마력은 그 집 종이었습니다. 비록 두 사람은 주종 관계였지만 사이가 좋아 같이 공부하고 놀곤 했는데 어느덧 두 사람은 장성하여 결혼을 해야 할 시기가 되었습니다. 노요는 재산과 세력이 있어 배필 얻는데 아무 걱정이 없었으나 마력은 가난하여 그렇지 못했습니다. 어느날 색시감을 소개 받았지만 혼수예물을 구할 수 없는 처지라 결국 노요에게 도움을 청했습니다.

그러나 노요는 돈을 빌려주는 댓가로 신혼 첫날밤을 자기에게 양보하라는 것이었습니다. 마력은 화가 났지만 결국 응하고 말았습니다. 신혼 둘쨋날이 되어서야 아내와 잠자리에 들게된 마력은 분한 마음에 돌아누워 잠만 잤습니다. 그러자 신부가 말하기를 "서방님 어젯밤엔 밤새 책만 보시더니 오늘은 책을 읽지 않으십니까" 마력은 그제서야 노요가 장난친 것을 알고 분한 마음을 풀고 크게 기뻐하였습니

126

다. 그후 마력은 열심히 공부하여 마침내 아주 높은 관직에 올랐습니다. 그러나 노요는 방탕하여 결국 재산을 모두 탕진하고 궁핍한 지경에 이르렀습니다. 어쩔 수 없이 마력에게 도움을 청하러 갔습니다. "자네 결혼할 때 혼수를 내가 도와줬으니 이번엔 자네가 나를 좀 도와줘야겠네" 그렇지만 마력은 술만 권하며 돈은 빌려주지 않았습니다. 빈손으로 집에 와 보니 부인이 관을 끌어안고 울고 있었습니다. 사정을 들어보니 마력이 사람을 시켜 관을 보내며 당신이 객지에서 급병을 얻어 죽었다고 하더라는 것입니다. 노요는 하도 기가 막혀 관을 열어보니 관 속에는 금은보화가 가득하였고 그 위에 편지 한 장이 놓여 있었습니다.

"내 신혼 첫날밤을 지켜주어 무척 고마웠습니다"

- 大山 -

64. 소세양과 황진이
대서사 詩

대제학을 지낸 소세양과 최고의 기녀 황진이의 사랑은 조선 최고의 로맨스로 전해지고 있습니다.

소세양은 황진이의 소문을 듣고 '여색에 혹함은 남자가 아니다. 듣건대 개성에 절색 진이가 있다 하나, 나 같으면 30일을 같이 살면 능히 헤어질 수 있으며, 추호도 미련을 갖지 않겠다'고 장담했습니다. 소세양은 황진이를 찾아 개성으로 가서 30일 동안 뜨거운 계약 동거를 시작했습니다. 황진이는 30일을 함께했던 소세양이 떠나려 하자 남루에 올라가 '내일 아침 님 보내고 나면 사무치는 정 물결처럼 끝이 없으리 (明朝相別後 情與碧波長)'라고 시조를 읊었습니다.
소세양은 탄식하며 '다시 머무르니 내가 그 사람이 아니다. (吾其非人哉 爲之更留)'라고 말하고 황진이 곁을 떠나지 못했다고 합니다.

떠나갈 소세양이 황진이에게 편지를 썼습니다.

'달빛 아래 소나무만이 푸르르고
눈에 덮인 한 포기 꽃들은 고개를 떨구었구나 ~
내일 아침 그녀를 보내고 나면
슬픔은 비가 되어 나의 몸을 짓누르리'

황진이도 답장을 보냅니다.

'달 밝은 밤에 그대는
누굴 생각하세요.
잠이 들면 그대는
무슨 꿈 꾸시나요~
바쁠 때 나를 돌아보라 하면
괴롭나요 반갑나요.
참새처럼 떠들어도
여전히 귀여운가요'

소세양과 황진이의 아름답고 애절한 사랑의 편지는 가수
이선희의 노래 '알고 싶어요'로 재탄생하여 전해지고 있습
니다.
'달 밝은 밤에 그대는 누구를 생각하세요.
잠이 들면 그대는 무슨 꿈 꾸시나요'

- 大山 -

65. 피갈회옥 被褐懷玉

被 입을 피
褐 갈색 갈/굵은 베 갈
懷 품을 회
玉 구슬 옥

겉에는 거칠고 남루한 옷을 입고 있으나,
속에는 옥을 지녔다는 뜻으로,
인품이 귀하고 격이 높은 사람을 비유한 말.

- 노자 -

어질고 덕 있는 사람이 세상(世上)에 알려지지
않으려 함을 이르는 말입니다.

나의 주변에도 '피갈회옥' 같은
친구나 지인이 있다면 세상 부러울 것이 없을 것이며
없다면 슬픈 일이며
노년에는 외롭고 즐겁지 못할 것입니다.
그대는 지금 '피갈회옥' 같은
친구를 가지고 있으신가요?

- 大山 -

66. 인생은 바람이고 구름인 것을

— 누가 날더러 청춘이 바람이냐고 묻거든
나, 그렇다고 말 하리니

그 누가 날더러 인생도 구름이냐고 묻거든
나, 또한 그렇노라고 답하리라

왜냐고 묻거든
나, 또 말하리라

청춘도
한번 왔다 가고 아니오며

인생 또한 한번 가면
되돌아 올 수 없으니

이 어찌 바람이라 구름이라
말하지 않으리요

오늘 내 몸에 안긴 겨울 바람도
내일이면 또 다른 바람이 되어

오늘의 나를 외면하며 스쳐 가리니
지금 나의 머리 위에 무심이 떠가는 저 구름도

내일이면 또 다른 구름이 되어
무량 세상 두둥실 떠가는 것을

잘난 청춘도 못난 청춘도
스쳐 가는 바람 앞에 머물지 못하며

못난 인생도 저 잘난 인생도
흘러가는 저 구름과 같을 진데

어느 날 세상 스쳐 가다가
또 그 어느 날 홀연히 사라져 가는 생을 두고

무엇이 청춘이고
그 무엇이 인생이라고
따로 말을 하리까.

- 경허선사 -

67. 생야일편 부운기
生也一片 浮雲起

서산대사의 해탈시(解脫詩)

조선중기의 승려로 평안도 안주에서 태어나 20세에 출가하였으며, 임진왜란이 발발하자 73세의 나이로 전국에 격문을 보내 의승군을 모집, 승병장으로 공을 세웠습니다. 휴정이 해탈時에 읊은 詩랍니다.

生也一片 浮雲起 (생야일편 부운기)
삶이란 한조각 구름이 일어남이요.
死也一片 浮雲滅 (사야일편 부운멸)
죽음이란 한조각 구름이 사라짐이니
浮雲自體 本無實 (부운자체 본무실)
구름은 본래 실체가 없는 것
生死去來 亦如然 (생사거래 역여연)
살고죽고 오고 감이 역시 그러한 것이라오.

인생, 근심 걱정 없는 사람 누군고
출세하기 싫은 사람 누군고
시기 질투 없는 사람 누군고
흉허물 없는 사람 어디 있겠소.

가진 것 많다 유세 떨지 말고
건강하다 큰소리치지 말고
명예 얻었다 목에 힘주지 마소.
세상에 영원한 것은 없더이다.

잠시 잠깐 다니러 온 이 세상
있고 없음을 편 가르지 말고
잘나고 못남을 평가하지 말고
얼기설기 어우러져 살다나 가세.

다 바람 같은 거라오.
뭘 그렇게 고민하오.
만남의 기쁨이건 이별의 슬픔이건
다 한 순간이라오.
사랑이 아무리 깊어도 산들바람이고
오해가 아무리 커도 비바람이라오.
외로움이 아무리 지독해도 한밤의 눈보라 일뿐이오.

폭풍이 아무리 세도 지난 뒤 아침에 고요하듯
아무리 지극한 사연도
지난 뒤엔 쓸쓸한 바람만 맴돈다오.
다 바람이라오.
버릴 것은 버려야지 내 것이 아닌 것을
가지고 있으면 무엇하리오.
줄게 있으면 주고 가야지
가지고 있으면 뭐하리오.
내 것도 아닌 것을 삶도 내것이라 하지마소.

잠시 머물러 가는 것일 뿐
묶어둔다고 그냥 있겠소.
흐르는 세월 붙잡는다고 아니 가겠소.
그저 부질없는 욕심일 뿐
삶에 억눌려 허리 한 번 못 피고
인생 계급장 이마에 붙이고
뭐 그리 잘났다고 남의 것 탐내시오.

훤한 대낮이 있으면
까만 밤하늘도 있지 않소.
낮과 밤이 바뀐다고
뭐 다른 게 있소.
살다보면 기쁜 일도 슬픈 일도 있다마는
잠시 대역 연기하는 것일 뿐
슬픈 표정 짓는다 하여
뭐 달라지는 게 있소.
기쁜 표정 짓는다 하여
모든 게 기쁜 것만은 아니오.

내 인생은 뭐 별거라고 하오.
바람처럼 구름처럼 흐르고 불다 보면
멈추기도 하지 않소. 그렇게 사는 것이라오.
삶이란 한 조각 구름이 일어남이요.
죽음이란 한 조각 구름이 스러짐이라오.
구름은 본시 실체가 없는 것
죽고 살고 오고 감이
모두 그와 같도다.

68. 마상상봉 馬上相逢

"말위에서 상봉하다"라는 말입니다.

시골 선비가 형설지공 끝에 과거에 급제하여 고위직 벼슬길에 올랐습니다. 어느 날 수행원들과 말을 타고 저잣거리 민초들의 삶을 시찰을 하는데 고향에 달갑지 않은 친구를 만납니다. 고향친구가 깜짝 놀라 "어이 친구 자네 삼식이 아닌가?"하며 아는 척 하자 선비는 말 위에서 "그래 나 업무 중이라 나랏일이 바쁘네. 다음에 보세" 하며 그냥 지나쳐 버립니다. 이 장면을 이른바 말 위에서 만나는 "마상상봉"이라고 말합니다.

만약 수년 만에 객지에서 정겹고 반가운 친구를 만났다면 즉시 말에서 내려와 주막에서 좌정하여 고향 소식도 물어보고 자신이 고위층이니 "도와줄 일이 뭐있나?" 묻기도 하고 고향 첫사랑 춘자 소식도 물어 보고 기방에도 데려가 회포도 풀고 우정을 나누었을 겁니다. 평소 정겹고 애틋하며 *끈끈한 운우지붕* 우정으로 살았다면 즉시 말에서 내려와 기쁨과 환대에 서로 얼싸안고 만남의 즐거움을 공유하고 下馬相逢(하마상봉)으로 연출할 겁니다.

마상상봉은 별 좋지 않은 비상식적 방약무인이라 상봉 자체가 불편하여 그 자리를 의도적으로 말을 탄 상태에서 회피해 버린 것을 비유한 성문입니다.

여러분들은 하마상봉의 인연을 많이 쌓기를 권합니다.

돌산에서 - 大山 -

69. 노음추월하
老吟秋月下

노음추월하 (老吟秋月下)
늙어서 가을 달 아래에서 읊조리고
病起暮江濱 (병기모강변)
병든 몸으로 일어나 저문 강가에 서성이네
- 두보 -

이런 지경에 이르기 전에 후회 없는 삶을 살아야 합니다.
노세노세 젊어서 놀아 / 늙어지면 못 노나니
화무는 십일홍이요 / 달도 차면 기우나니

법정스님의 참다운 삶이란 욕구를 충족시키는 생활이
아니라 의미를 채우는 삶이어야 한다는 것입니다. 의미
를 채우지 않으면 삶은 빈 껍질입니다. 소유란 그런 것
입니다. 손안에 넣는 순간 흥미가 사라져 버립니다. 하
지만 단지 바라보는 것은 아무 부담 없이 보면서 오래도
록 즐길 수 있습니다. 소유로부터 자유로워야 합니다.
사랑도 인간관계도 마찬가지입니다. 말이 많은 사람은
안으로 생각하는 기능이 약하다는 증거입니다. 말이 많은
사람에게 신뢰감이 가지 않는 것은 그의 내면이 허술
하기 때문이고 행동보다 말을 앞세우기 때문입니다.

말을 아끼려면 가능한 타인의 일에 참견하지 말아야 합니다. 어떤 일을 두고 아무 생각 없이 무책임하게 타인에 대해 험담을 늘어 놓는 것은 나쁜 버릇이고 악덕입니다. 사람들은 하나같이 얻는 것을 좋아하고 잃는 것을 싫어합니다. 그러나 전 생애의 과정을 통해 어떤 것이 참으로 얻는 것이고 잃는 것인지 내다볼 수 있어야 합니다. 때로는 잃지 않고는 얻을 수가 없습니다. 나그네 길에서 자기보다 뛰어나거나 비슷한 사람을 만나지 못했거든 차라리 혼자서 갈 것이지 어리석은 자와 길벗이 되지 마십시오. 사람의 허물을 보지마십시오. 남이 했든 말았든 상관하지 마십시오. 다만, 내 자신이 저지른 허물과 게으름을 보십시오. 비난받을 사람을 칭찬하고 칭찬해야 할 사람을 비난하는 사람. 그는 죄를 짓고, 그 죄 때문에 즐거움을 누리지 못합니다.

눈으로 보는 것에 탐내지 마십시오. 속된 이야기에서 귀를 멀리하십시오. 사람들이 집착하는 것은 마침내 근심이 됩니다. 집착할 것이 없는 사람은 근심할 길도 없습니다. 날 때부터 천한 사람이 되는 것은 아닙니다. 날 때부터 귀한 사람이 되는 것도 아닙니다. 오로지 그 행위로 말미암아 천한 사람도 되고 귀한 사람도 되는 것입니다. 사람은 그 누구를 막론하고 자기 분수에 맞는 삶을 이루어야 합니다. 자기 분수를 모르고 남의 영역을 침해하면서 욕심을 부린다면 자신도 해치고 이웃에게도 피해를 입히기 마련입니다. 우리가 전문지식을 익히고 그 길에 한 평생 종사하는 것도 그런 삶이 자신에게 주어진 인생의 몫이기 때문입니다.

- 법정스님 -

70. 춘소일각치천금
春宵一刻值千金

蘇東坡(소동파)가 지은 것으로 알려져 있는 〈春夜(춘야)〉라는 제목의 七言絶句(칠언절구)에 나오는 첫 글귀입니다. '春宵一刻值千金(춘소일각치천금)'은 "봄날 밤한 시각은 천금을 주고 살 만한 그런 가치가 있다"는 뜻입니다. 소동파는 선비이면서 도교와 불교에 조예가 깊은 시인이었습니다. 특히 자연을 사랑하는 가운데 인생의 허무를 내다보는 그의 시는 말이 지닌 이상의 깊은뜻과 맑은 향기를 풍기고 있습니다. 전문을 소개하면다음과 같습니다.

春宵一刻值千金 花有淸香月有陰
춘소일각치천금 화유청향월유음
歌管樓臺聲細細 鞦韆院落夜沈沈
가관루대성세세 추천원낙야침침

봄밤의 한 시각은 값이 천금
꽃에는 맑은 향기가 있고 달에는 그늘이 있다.
노래와 피리의 누대는 소리가 가늘고 또 가늘어
그네 뛰던 안뜰에는 밤이 깊고 또 깊다.

봄밤은 한 시각이 천금을 주어도
아깝지 않은 즐거운 시간입니다.
꽃에서는 그윽한 향기가 풍기고 있고,
달은 귀여운 얼굴을 발 사이로 비추듯
몽롱하게 지켜보고 있습니다.

이 시가 유명해지자 '春宵一刻値千金'은 여러가지 의미
로 쓰이게 되었습니다. 마침 얻게 된 즐거운 시간을 아
끼는 뜻으로도 쓰이고, 시간을 보람있게 즐겁게 보내자
는 말로도 쓰입니다. 그러나 어떻게 보내는 것이 값지게
보내는 것인지 사람에게 따라 천차만별일 수 있습니다.

春在枝頭已十分

'춘재지두이십분'은 사람이 알지 못하는 사이에 어느덧
봄은 벌써 나뭇가지 끝에 와 있었다는 뜻입니다. 戴益
(대익)의 〈探春詩(탐춘시)〉에 있는 맨 끝 글귀인데
사람이 찾는 것은 대개 멀리 있는 것이 아니고 바로
자기 주변에 있다는 뜻으로 쓰이는 말입니다.

盡日尋春不見春 芒蹊踏遍隴頭雲
진일심춘불견춘 망혜답편롱두운
歸來適過梅花下 春在枝頭已十分
귀래적과매화하 춘재지두이십분

온 종일 봄을 찾다 봄을 보지 못하고
아득한 좁은 길로 언덕 위

구름 있는 곳까지 두루 헤맨 끝에,
돌아와 마침 매화나무 밑을 지나노라니
봄은 가지 머리에 벌써 와 있는 지 오래였다.

울안에 있는 매화 가지에 벌써 꽃망울이 져 있는 것도
모르고, 하루 종일 밖에 나가 들로 산으로 봄소식을
찾아 헤맨 어리석음과, 그런 헛수고 끝에 비로소 발견한
내 집 울안에 있는 매화가지의 꽃망울을 발견하고 놀라
반기는 시인의 천진스런 모습이 잘 나타나 있습니다.
'진리는 가까운 데 있다'는 뜻으로 많이 인용되는 말
입니다. '누구나 가지고 있다'는 뜻도 됩니다.

- 大山 -

71. 경당문노 耕當問奴

모든 일은 그 일에 대해 잘 아는 사람에게
물어야 한다는 뜻

중국의 서진(西晉)과 동진(東晉)시대가 끝나고 남북조
시대에 이르러 왕현모(王玄謨)가 송(宋)나라의 문제(文
帝)에게 권하여 북위(北魏)를 정벌하려고 귀족들에게
의논하고 협조를 구하여 군사를 일으키려 했을 때 교위
(校尉) 심경지(沈慶之)가 그들의 주장을 못마땅하게 여
겨 이렇게 말하며 만류하였습니다.

耕當問奴(경당문노) 織當問婢(직당문비)
欲伐國而與白面書生 (욕벌국이여백면서생)
謀之事何由濟 (모지사하유제)

"농사에 관한 일은 종에게 물어야 하고, 옷 만드는 일은
길쌈질 하는 하녀에게 물어야 잘 알 수 있습니다.
북위를 징벌하고자 하시면서 한갓 글만 읽고 세상일에
경험이 없는 사람에 불과한 백면서생들과 그 일을 도모
하신다면 어떻게 성공을 기약할 수 있겠습니까?"

송(宋)의 문제(文帝)는 심경지의 말을 듣지 않고 위(魏)
를 공격했습니다. 왕현모(王玄謨)는 처음에 하남의 땅

제주(濟州) 확오성(碻磝城)을 빼앗는 전과를 올렸으나 끝내 패하여 퇴각하고 말았습니다. 결국 위(魏)와 화의 하였으나 그 피해의 참상은 이루 말로 다할 수 없었다고 합니다. 많은 사람이 죽고 인가(人家)가 불탔습니다.

春燕歸巢於林木 (춘연귀소어임목)

봄에 돌아온 제비가 집 지을 인가가 없어 숲으로 가 둥지를 지었다는 고사가 있을 정도였다고 합니다. 주위에서 왕현모(王玄謨)의 잘못을 들어 처형할 것을 주장했으나 심경지(沈慶之)가 만류하여 위기를 모면하게 해 주었습니다. 송사(宋史) 심경지(沈慶之) 열전에서 유래되는 고사성어가 경당문노(耕當問奴)입니다.

경당문노(耕當問奴)란 농사짓는 일은 머슴에게 물어야 한다는 뜻으로, 모르는 일은 잘 아는 사람에게 물어보는 것이 좋다는 말입니다. 섣부른 재주나 자신을 믿다가는 나라의 길을 그르칠 수도 있다는 뜻입니다. 어떠한 일을 도모할 경우에는 마땅히 해당 분야의 전문가에게 자문을 구하여 행해야 탈이 나지 않음을 말하는 것입니다.

- 大山 -

72. 유수부쟁선
流水不爭先

흐르는 물은 앞을 다투지 않는다. - 老子 -

인생은 흘러가는 것
저 시냇물처럼 흘러가는 것
나도 저 물처럼 흘러가리
흐르다가 바위에 부딪히면 비켜서 흐르고
조약돌 만나면 밀려도 가고
언덕을 만나면 쉬었다 가리

마른 땅 만나면 적셔주고 가고
목마른 자 만나면 먹여주고 가리
갈 길이 급하다고 서둘지 않으리
놀기가 좋다고 머물지도 않으리

흐르는 저 물처럼 앞섰다고 교만하지 않고
처졌다고 절망하지 않으리

저 건너 나무들이 유혹하더라도
나에게 주어진 길 따라서
노래 부르며 내 길을 가리라

- 大山 -

73. 조발백제성
早發白帝城

이백(李白)

一

朝辭白帝彩雲間 (조사백제채운간)
千里江陵一日還 (천리강릉일일환)
兩岸猿聲啼不住 (양안원성제부주)
輕舟已過萬重山 (경주이과만중산)

아침 일찍 오색 구름 감도는 백제성에
이별하고 천리길 강릉을 하루만에 돌아왔네
강기슭 원숭이들 울음소리 그치질 않는데
가벼운 배는 만겹의 산을 지나왔다네

이백은 만년에 영왕(永王) 이린(李璘)의 거병에 가담하
였는데, 이린의 거사가 실패하자 그도 체포되어 지금의
구이저우성[貴州省] 서북부의 야랑(夜郎)으로 유배되
었습니다. 야랑으로 가는 도중에 백제성(白帝城)을 지
나면서 이백은 자신의 사면 소식을 접하였고, 자유의 몸
이 되어 강릉으로 돌아가면서 이 시를 지었습니다.

제목은 '아침 일찍 백제성을 떠나며'라는 뜻입니다.

백제성은 쓰촨성[四川省] 펑제현[奉節縣] 동쪽의 백제산(白帝山)에 있는 산성이며, 강릉은 후베이성[湖北省] 장링현[江陵縣]으로 두 곳의 거리는 양쯔강의 물길로 약 300㎞입니다.

양안(兩岸)은 무산(巫山)과 협산(峽山)의 양쪽 언덕을 가리키며, 그 사이로 양쯔강이 흘러가는데 강폭이 좁아 유속(流速)이 최고 시속 24㎞에 이를 정도로 빠르다고 합니다. 또 이곳은 원숭이들이 많은 지역입니다.

유배에서 풀려난 이백은 한시라도 빨리 속박으로부터 벗어나고자 아침 일찍 서둘러 백제성을 떠나 배를 타고 강릉으로 향합니다. 강가 양쪽 언덕에서 쉼없이 울어대던 원숭이들 소리가 아직도 귓가에 남아 있는데, 세찬 물살에 가벼워진 배는 겹겹이 쌓인 산들을 빠르게 지나 천리길 같은 강릉에 하루만에 도착합니다. 자유의 몸이 된 기쁨을 빠른 물살처럼 경쾌하게 묘사한 작품입니다.

- 大山 -

74. 협객의 노래

협객행 (俠客行)

一

趙客縵胡纓	조나라 사나이, 무늬 없는 갓끈 매고
吳鉤霜雪明	오구검(吳鉤劍) 칼날은 서릿발처럼 빛났네.
銀鞍照白馬	은 안장이 흰 말에 번쩍대고
颯沓如流星	날래기가 살별과 같았네.
十步殺一人	열 걸음에 하나씩 해치우면서
千里不留行	천 리를 나아가도 멈추질 않았네.
事了拂衣去	일 마치면 훌훌 옷 털고 떠나
深藏身與名	신분과 이름을 깊이 숨겨버렸네.
閑過信陵飮	한가로이 신릉군(信陵君)에 들러 술 마실 때면
脫劍膝前橫	칼을 풀어 무릎 앞에 뉘어 놓고는,
將炙啖朱亥	고깃점을 집어다 주해(朱亥) 입에 넣어주고
持觴勸侯嬴	술잔을 들어서 후영에게 권하였네.
三杯吐然諾	석 잔 술에 그러마고 응낙하고 나면
五岳倒爲輕	오악이 도리어 가벼울 정도였네.
眼花耳熱後	눈이 어지럽고 귀가 후끈거린 다음
意氣素霓生	의기는 흰 무지개로 뻗쳐 올랐고,

148

救趙揮金槌	조나라 구하러 쇠몽둥이 휘두르자
邯鄲先震驚	한단이 먼저 쩌렁쩌렁 울렸네.
千秋二壯士	천추에 빛나는 두 장사
烜赫大梁城	대량성에 그 이름 떨쳤네.
縱死俠骨香	비록 죽어도 의로운 기개 향기로우리니
不慚世上英	세상 영웅들에 부끄러울 게 없다네.
誰能書閣下	그 누가 서재에 틀어박혀
白首太玄經	흰머리 되도록 태현경이나 지으리.

- 大山 -

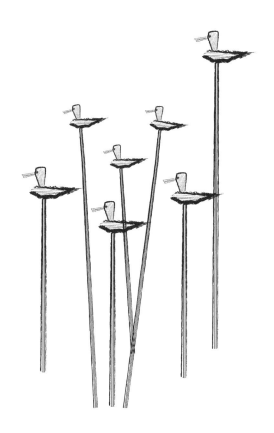

75. 세기의 명언들

― 여자는 꿈에서 만나도 돈이 든다.

보트, 여자, 펜션은 있으면 아주 좋으나
관리 보존하기란 참으로 난해하다.

뙤약볕이 강할수록 어둠은 짙어진다.

지개목발 밑에선 제 한입 풀칠하기 힘들고
붓 끝에서는 열사람 먹여 살린다.

돈이 많은 사람은 물질을 선물하지만
돈이 없는 사람은 명언이라도 선물할 수 있어야 한다.

진실이 신발끈을 묶을 때
거짓은 이미 지구 반바퀴를 돌고 있다.

악마가 바빠서 일일이 찾아다닐 수 없을 때
대신 술을 보낸다.

76. 함부로 인연을 맺지 마라

법정스님

진정한 인연과 스쳐가는 인연은
구분해서 인연을 맺어야 합니다.
진정한 인연이라면 최선을 다해서
좋은 인연을 맺도록 노력하고
스쳐가는 인연이라면
무심코 지나쳐 버려야 합니다.

그것을 구분하지 못하고 만나는 모든 사람들과
헤프게 인연을 맺어 놓으면
쓸만한 인연을 만나지 못하는 대신에
어설픈 인연만 만나게 되어
그들에 의해 삶이 침해되는 고통을 받아야 합니다.

인연을 맺음에 너무 헤퍼서는 안됩니다.
옷깃을 한 번 스친 사람들까지
인연을 맺으려 하는 것은 불필요한 소모적인 일입니다.
수많은 사람들과 접촉하고 살아가고 있는 우리지만
인간적인 필요에서 접촉하고 살아가는 사람들은
주위에 몇몇 사람들에 불과하고

그들만이라도 진실한 인연을 맺어 놓으면
좋은 삶을 마련하는 데는 부족함이 없습니다.

진실은 진실된 사람에게만 투자해야 합니다.
그래야 그것이 좋은 일로 결실을 맺습니다.

아무에게나 진실을 투자하는 건 위험한 일입니다.
그것은 상대방에게 내가 쥔 화투 패를
일방적으로 보여주는 것과 다름없는 어리석음입니다.

우리는 인연을 맺음으로써 도움을 받기도 하지만
그에 못지 않게 피해도 많이 당하는데
대부분 피해는 진실 없는 사람에게
진실을 쏟아부은 댓가로 받는 벌입니다.

명심하고 또 명심해야할 대목입니다.

- 大山 -

77. 천부소지 무병이사
千夫所指 無病而死

허락하지 않았서도 이 세상에 왔고
초대받지 않았서도 저 세상으로 가는구나...

회자정리 (會者定離)
거자필반 (去者必返)
생자필멸 (生者必滅)

만나면 언젠가는 헤어지며 떠난 사람은 언젠가는 돌아
올 수도 있으려니 살아있는 것은 반드시 죽는 법.

人生(인생)이란?
人 (자)는 서로 지게처럼 기대며 生 (자)는 소 "牛"자에
"一"자 합하여 소가 마치 외나무 다리를 걷듯이 위태
로운 것이 "인생"이라 하였습니다.

인생이 살다 죽는 데는 여러 유형이 있습니다.
자살, 타살, 고독사, 사고사, 병사, 자연사 등이 있지요.

153

또한

千夫所指 無病而死 (천부소지 무병이사)

"천번의 손가락질을 받으면 병이 없어도 죽게 되는 법"
이며

天若改常 不風卽雨
人若改常 不病卽死
(천약개상 불풍즉우 인약개상 불병즉사)

"하늘이 만약 상도를 어기면
바람 아니면 비가 오고,
사람이 만약 상식을 벗어나면
병이 아니면 죽느니라"

하늘이나 사람이나 상식을 벗어나면
바람이 없어도 비가 오고
병이 없어도 죽음 을 맞게 됩니다.

하늘의 도와 사람의 도를 벗어나는 것을 경계하여 상도
(常道)를 지키라는 말입니다. 마침내 하나님의 성경말
씀을 순종하고 전도하며 잘 따르면서 무병 장수하는 것
이 인생승리입니다.

할렐루야~~♡♡♡

- 大山 -

78. 타인능해 他人能解

다른 사람의 고민을 능히 풀어준다는 뜻입니다.

전남 구례의 운조루 종갓집 뒤주에 위의 글을 써 놓은 팻말이 있습니다. 1776년에 지은 집 외벽에 누구라도 배고픈 동네 사람들이 쌀을 퍼가라는 뜻입니다.

당시는 쌀은커녕 보리쌀도 없었던 절체절명의 흉년 시절이었다고 합니다. 그때 그 집에서는 쌀을 뒤주에 가득 담아서 동네 사람들이 쌀을 퍼가게 했습니다. 비워지면 다시 붓고 또 부었다고 합니다.

요즘 말로 '노블레스 오블리주' 가진 자는 늘 타인을 위해 배려해야 한다를 뒤주를 통해 실천한 셈입니다.

또 있습니다. 경주 최부자 집.
"사방 백 리에 굶어 죽는 사람이 없게 하라"
그 집안의 가훈이었다고 합니다.

당신은 사방 십리 안에 아는 지인들에게
무엇을 하셨습니까?

- 大山 -

79. 굴지구인 불천물연
掘至九仞 不泉勿捐

堀至九仞(굴지구인)
아홉 길을 팠는데도

不泉勿捐(불천물연)
샘(샘물)이 솟지 않는다고 그만두지(포기하지) 말라.

고려시대 학자 李穀(이곡)의 〈靈巖寺新井銘(영암사신
정명)〉
고려시대 영암사(靈巖寺) 라는 절이 있었는데, 이 절의
우물이 자주 말라 물이 마르면 산 아래로 내려가 30
리나 되는 길을 왕래하면서 물을 길어 와야 했고, 생활
하는데 번거롭고 불편함이 이만저만이 아니었습니다.
그래서 뜻있는 한 시주(施主)가 우물 파는 사람을 데려
와 새 우물을 파기로 했는데, 막상 땅을 파보니 아래
(땅밑)는 온통 돌무더기인 데다 파 내려갈수록 더 단단
했습니다. 구경하던 사람들은 낙숫물로 바위를 뚫는 일
이라며 비웃었지만 일꾼들은 포기하지 않고 하루하루
계속 파 내려갔습니다.

그러기를 무려 2년여, 파낸 깊이는 백척(百尺)에 이르렀고, 마침내 어느 날 차가운 샘물이 펑펑 솟아올랐다고 합니다.

고려시대 학자 이곡(李穀, 1298~1351)이 그 사연을 듣고 감동하여 우물을 마시는 사람들에게 권면(勸勉)하고자 우물 벽에다 명(銘)을 썼습니다.

堀至九仞 不泉勿捐
(굴지구인 불천물연)

아홉 길을 팠는데도 샘이 솟지 않는다고
그만두지(포기하지) 말라.
李穀 <靈巖寺新井銘>

"중도에 그만두지 않으면 이룰 수 있습니다."

- 大山 -

80. 월인천강지곡

"외외 석가불 무량무변 공득을 어느 겁겁에 살피리"

깊고 넓은 석가의 량이 없고 변이 없는 공득을
어느 몇 억겁 년 세월 속에 살필 수가 있으리...

一切惟心造 (일체유심조) – 달마 –
"모든 것은 마음 조화에 있다."

아침에 일어나 내가 행복하다면 행복하고
불행하다 맘먹으면 불행하며
남산이 내 것이다 생각하면 내 것이요
영원한 것은 없습니다.

회자정리 거자필반
會者定離 去者必返

만남에는 헤어짐이 정해져 있고
떠남이 있으면 반드시 돌아옴이 있다는 뜻으로
세상일의 덧없음을 의미하는 말입니다.

생자필멸 生者必滅
태어난 사람은 반드시 죽습니다.

자신이 어떤 마음을 먹고 사느냐에 따라
자신의 인생이 펼쳐집니다.

돌산에서 - 大山 -

81. 입(口)을 열기전에 귀(耳)를 열어라

심수무성(深水無聲)

깊은 물이 소리없이 흐르듯이 맑고 깊은 청이(淸耳)와 영이(靈耳)를 가진 사람만이 그 소리를 들을 수 있습니다. 흐리고 옅은 속이(俗耳)와 탁이(濁耳)를 가진 사람은 깊은 소리를 들을 수 없습니다.

무성을 들을 줄 아는 사람이 위대한 사람이요. 도(道)를 통한 성인(聖人)입니다. 성은 인간이 도달할 수 있는 최고의 경지입니다.

음악의 최고의 경지는 악성(樂聖)이요
시의 최고의 경지는 시성(詩聖)이요
글씨의 최고의 경지는 서성(書聖)이요
바둑의 최고의 경지는 기성(棋聖)입니다.

성(聖)자를 보십시오. 참으로 뜻이 깊습니다.
귀 이(耳)자와 입 구(口)자와 임금 왕(王)자의
세 요소가 합(合)한 글자입니다.

성인은 먼저 남의 이야기와 역사의 소리와 진리의 소리
를 조용히 듣습니다. 다 듣고 난 후에 입을 열어 말씀합
니다. 듣고 말씀하는데 가장 뛰어난 존재가 성인입니다.

그래서 성자는 귀(耳)와 입(口)과 왕(王)의 세 글자의
요소로 구성됩니다.

듣는 것이 먼저이고 말씀을 하는 것은 나중의 일입니다.
귀 이(耳)자를 먼저 쓰고 입 구(口)자를 나중에 쓰는
것은 결코 우연한 일이 아닙니다.

성(聖)자는 의미 심장합니다. 남의 이야기를 바로 듣고
깊이 이해하려면 많은 지혜와 체험과 사색이 필요합니
다. 지혜와 체험과 사색이 부족한 사람은 피상적으로
듣고 또 느낄 뿐입니다. 귀가 있다고 들리는 것은 아닙
니다. 들을 줄 아는 귀를 가져야만 들립니다.

문맹(文盲)이 글을 못 보고
색맹(色盲)이 빛깔을 분간하지 못하듯이
머리가 모자라면 깊은 소리를 듣지 못 합니다.

공자는 나이 60 이 되어서 비로소
이순(耳順)의 경지에 도달했다고 합니다.

이순은 남의 이야기가 귀에 거슬지 않는 경지요
무슨 이야기를 들어도 깊이 이해하는 경지요
너그러운 마음으로 모든 것을 관용하는 경지입니다.
그것은 바다와 같은 넓은 마음(心)이요.
일체를 이해하고 포용하는 대도량(大度量)입니다.

"입을 열기 전에 먼저 당신의 귀를 열어라.
할 말이 많으면 쓸 말이 적다.
말하기에 앞서 상대방의 말을 먼저 들어라."

성숙한 人間의 첫째 자격은
남의 이야기를 겸손한 마음으로
열심히 경청하는 것입니다.

경청은 지혜의 원천이요
총명(聰明)의 어머니입니다.
말을 하기 보다는
듣는 것이 더 중요합니다.

- 大山 -

82. 이청득심 以聽得心

"귀를 기울여 경청하는 것은
사람의 마음을 얻는 최고의 지혜다"

"웅변은 동이고 침묵은 은이며 경청은 금이다"

내가 듣고 있으면 상대의 마음을 얻는다.
내가 듣고 있으면 내가 이득을 얻고,
내가 말을 하고 있으면 남이 이득을 얻는다.
- 아라비아 속담 -

말하는 것은 지식의 영역이고, 듣는 것은 지혜의 영역
입니다. 평소 잘 듣는 것이 훈련되어야 합니다. 상사
에게 신임을 받으려면 잘 들어야 합니다. 동료와 친구
에게 믿음을 받으려면 잘 들어야 합니다. 부하를 잘 이
끌어 가려면 잘 들어야 합니다.

세상의 모든 사람은 자기 말에 귀를 기울여 주는 사람을
친구로 합니다. 세상의 모든 사람들은 자기 말에 귀를
기울여 주는 사람을 좋아 합니다. 일을 성취하려면 상대
가 나를 좋아하게 만들어야 합니다. 좋아하면 당연히
믿음이 따라 옵니다.

그러나 남을 경청傾聽하는 것은 쉽지가 않습니다.
경청이란? 기술과 지식의 문제가 아니고 마음의 문제
이기 때문입니다.

마음의 문을 열고 기다리고 들어야 합니다.
내 마음은 나를 구할 수 있는 힘도 되고
내 마음은 나를 해치는 가장 참혹한 칼도 됩니다.
모두 다 내 안의 마음에 있습니다.

세상에서 가장 어려운 것은 사람의 마음을 얻는 것입
니다. 그리고 세상에서 가장 쉬운 것도 사람의 마음을
얻는 것입니다. 마음 속에서 남을 배려하고, 남의 말을
경청 하는 슬기를 모르기 때문입니다. 말을 배우는 데는
2년이 걸리나 경청을 배우는 데는 60년이 더 걸린다고
합니다.

당신은 남의 말에 경청하는 편입니까?

- 大山 -

83. 와목무실 臥木無實

"누운나무는 열매가 없다는 말입니다."

고통 앞에 당신은 두 가지 선택을 할 수 있습니다. 주저 앉을 것인가, 아니면 맞서 싸울 것인가. 이런 선택을 하기 싫다면 고통이 오기 전에 미리 대비해야 합니다. 목이 마르기 전에 우물을 파라는 뜻입니다.

그러나 미리 준비한다는 것은 결코 쉬운 일이 아닙니다. 편안한 상태에서는 앞을 내다보기가 힘든 법이니까요. 폐암 진단을 받은 환자들이 담배를 쉽게 끊을 수 있는 이유입니다. 사람들이 병을 예방하려고 먹는 비타민은 항상 까먹다가도, 아프면 약을 잘 챙겨 먹는 이유입니다.

지금 잘나간다고 영원히 잘나갈 것이라는 보장은 없습니다. 영업 이익 수십조 원의 대기업조차도 다음 먹거리를 위해 그리고 백년대계를 위해 고군분투하고 있습니다. 지금 잘나가고 있다면 지금 편안하다면 우리는 새로운 목표를 정하고 잊어버린 꿈을 찾아야 합니다. 그리고 늘 새로운 배움을 갈망하고 그것에 도달하기 위해 노력해야만 합니다. 누운 나무에는 열매가 안 열리기 때문입니다.

84. 춘화현상 春化現象

(Vernalization) 고난(苦難)을 많이 헤쳐 나온
사람일수록 강인(強忍)함과 향기(香氣)로운 맛이
더욱 깊습니다.

호주(濠洲)시드니에 사는 교민(僑民)이 고국(故國)을
다녀가는 길에 개나리 가지를 꺾어다가 자기(自己)집
앞마당에 옮겨 심었습니다. 이듬해 봄이 되었습니다.
맑은 공기(空氣)와 좋은 햇볕 덕에 가지와 잎은 한국(韓
國)에서 보다 무성(茂盛)했지만, 꽃은 피지 않았습니다.
첫 해라 그런가 보다 여겼지만 2년째에도, 3년째에도
꽃은 피지 않았습니다. 그리고 비로소 알게 되었습니다.
한국(韓國)처럼 혹한(酷寒)의 겨울이 없는 호주(濠洲)
에서는 개나리꽃이 아예 피지 않는다는 것입니다.

저온(低溫)을 거쳐야만 꽃이 피는 것은
전문용어(專門用語)로 '춘화현상(春化現象)'이라 하는
데 튤립, 히아신스, 백합(百合), 라일락, 철쭉, 진달래
등이 모두 여기에 속합니다.

인생(人生)은 마치 춘화현상(春化現象)과 같습니다.
눈부신 인생(人生)의 꽃들은 혹한(酷寒)을 거친 뒤에야
피는 법(法)입니다. 그런가 하면 봄에 파종(播種)하는
봄보리에 비해 가을에 파종(播種)하여 겨울을 나는

가을보리의 수확(收穫)이 훨씬 더 많을 뿐만 아니라 맛도 좋습니다.

인생(人生)의 열매는 마치 가을보리와 같아, 겨울을 거치면서 더욱 풍성(豊盛)하고 견실(堅實)해집니다. 마찬가지로 고난(苦難)을 많이 헤쳐 나온 사람일수록 강인(强忍)함과 향기(香氣)로운 맛이 더욱 깊다는 것입니다.

돌산에서 - 大山 -

85. 철학하는 이유

어떤 악조건 속에서도 행복의 기회를 발견할 줄 아는
긍정적 발상의 주인공, 소크라테스

소크라테스의 아내 크산티페는 악처의 대명사로 알려
져 있는데, 그녀는 항상 말이 많고 심술이 고약해 그를
볶아 댔습니다. 어느 날, 어떤 사람이 소크라테스에게
물었습니다.

"어쩌다 저런 부인과 결혼 하셨습니까?"
그러자 소크라테스가 대답했습니다.

"말 타는 기술을 익히고자 하는 사람은 사나운 말을
골라서 탑니다. 사나운 말을 다룰 줄 알게 되면 다른
말을 다루기란 쉬운 일이거든요. 내가 이 여자를 견뎌낼
수만 있다면 천하에 상대하기 어려운 사람이란 없을 게
아닙니까."

"그런데 쉴 새 없이 떠들어대는 부인의 투정을 어떻게
참으십니까?"

"물레방아가 돌아가는 소리도 귀에 익으면 들을만 합니다."

한번은 그의 아내가 욕설을 퍼부은 후에 소크라테스의 머리 위에 물을 뒤집어 씌우자 소크라테스가 태연히 말했습니다.

"천둥이 친 다음에는 큰 비가 쏟아지게 마련이지."

또 어느 날은 젊은이들이 소크라테스에게 결혼을 해야 옳은지 하지 말아야 옳은지에 대해 물었습니다. 그러자 소크라테스가 말했습니다.

"결혼을 하시오"

좋은 아내를 얻으면 행복할 것이고 나쁜 아내를 얻으면 철학자가 될 테니까요.

- 大山 -

86. 상인 일기

하늘에 해가 없는 날이라 해도 나의 점포는 문이 열려 있어야 합니다. 하늘에 별이 없는 날이라 해도 나의 장부엔 매상이 있어야 합니다.

메뚜기 이마에 앉아서라도 전은 펴야 합니다. 강물이라도 잡히고 달빛이라도 베어 팔아야 합니다. 일이 없으면 별이라도 세고 구구단이라도 외워야 합니다.

손톱 끝에 자라나는 황금의 톱날을 무료히 썰어내고 앉았다면 옷을 벗어야 합니다. 옷을 벗고 힘이라도 팔아야 합니다. 힘을 팔지 못하면 혼이라도 팔아야 합니다.

상인은 오직 팔아야만 되는 사람, 팔아서 세상을 유익되게 해야하는 사람, 그러지 못하면 가게 문에다 "묘지"라고 써붙여야 합니다.

- 김연태 -

87.

빈천지교 불가망
貧賤之交 不可忘
조강지처 불하당
糟糠之妻 不下堂

가난하고 천할 때 사귄 친구 잊어서는 아니 되고, 술지
게미와 쌀겨가루 먹으며 가난을 함께 한 아내는 내보낼
수 없다. <후한서 後漢書 송홍전 宋弘傳>

후한의 광무제(光武帝)는 미망인이 된 누나 호양공주
가 인품 있는 대사공 송홍에게 마음을 두고 있는 것을
알고, 그와 누나를 맺어주려고, 송홍에게 물었습니다.

"흔히 귀해지면 친구를 바꾸고, 부유해지면 아내를 바
꾼다고 하거니와, 이것은 인정에 어울리는 것이 아니겠
는가?" 그러자 송홍은 잘라서 대답했습니다.

"아닙니다. 저는 가난하고 천할 때 사귄 친구는 잊지 말
아야 하고, 조강지처는 버리지 말아야 한다고 알고 있습
니다. 그리고 이것이 사람의 도리라고 생각하고 있습
니다."

- 大山 -

88. 마쓰시타 고노스케 어록

마쓰시타 고노스케

(松下幸之助, Matsushita Konosuke 1894/1989)

'경영의 신(神)'으로 불리는 일본의 사업가.
마쓰시타 전기산업 (현: 주)파나소닉) 창업주

한 번 넘어졌을 때 원인을 깨닫지 못하면
일곱 번 넘어져도 마찬가지다.
가능하면 한 번만으로 원인을 깨달을 수 있는
사람이 되어야 한다.
실패를 두려워하기보다는
진지하지 못한 태도를 두려워해야 한다.
- 마쓰시타 고노스케 -

나는 실패한 적이 없다. 어떤 어려움을 만났을 때
거기서 멈추면 실패가 되지만,
끝까지 밀고 나가 성공을 하면 실패가 아니기 때문이다.
- 마쓰시타 고노스케 -

"회장님은 어떻게 해서
그처럼 엄청난 성공을 거두셨습니까?"

"나는 하늘로부터 세 가지 큰 은혜를 입고 태어났네.
가난한 것 · 허약한 것 · 못 배운 것이 그것일세"

"가난 속에서 나는 부지런히 일하지 않고서는 잘살 수
없다는 진리를 터득했네. 허약하게 태어난 덕에 일찍
부터 몸을 아끼며 건강에 힘썼고, 초등학교도 졸업을
못했기 때문에 늘 이 세상 모든 사람을 스승으로 모시고
배우는데 주저하지 않았지."
- 마쓰시타 고노스케의 '인간관계론'에서-

89. 불려호획 불위호성
不慮胡獲 不爲胡成

不 아닐 불, 慮 생각할 려, 胡 되 호, 어찌 호, 獲 얻을 획
〈서경(書經)〉 상서(商書)에 나오는 이 말은 '생각하지
않으면 어찌 얻을 것이며, 실천하지 않으면 '어찌 이룰
것인가'라는 뜻입니다.

은(殷)나라의 명재상 이윤(伊尹)이 탕(湯) 임금의 손자
인 태갑(太甲)이 자신의 잘못을 뉘우치고 훌륭한 군주
로 거듭났을 때 해준 말로서, 〈순자(荀子)〉도 수신(修
身)편에서

道雖邇, 不行不至, 事雖小, 不爲不成
(도수이, 불행부지, 사수소 불위불성)

"가까운 길도 걷지 않고서는 이를 수 없고, 작은 일도
하지 않고서는 성사시킬 수 없다"고 말하고 있습니다.

불위호성 (不爲胡成),
행동으로 옮기지 않으면 아무것도 이루지 못합니다.

"깊이 생각지 않으면 얻지 못하고 행동으로 옮기지 않으면 이루지 못한다"는 불려호획 불위호성 (不慮胡獲 不爲胡成)이라는 말이 있습니다.

기존의 틀을 완벽하게 깰 때, 한 마리의 병아리가 생명을 얻을 수 있는 것처럼 혁신을 위해서는 무엇보다 계획과 실행력이 중요하다는 생각을 해야 합니다.

- 大山 -

90. 약무여수 시무국가
若無麗水 是無國家

"만약 여수가 없었다면 국가도 없었다"
(난중일기 中, 이순신)

1904년, 러시아와 일본이 중국을 사이에 두고 일으킨 러일전쟁은 1905년 일본의 도고 헤이하찌로 일본 총사령관의 대승리로 끝이 났습니다. 전쟁이 끝나고 일본 총사령관의 승전을 기념하기 위한 축하 파티가 벌어졌습니다. 승전 파티에서 일본 정치, 종교, 언론, 교육, 사회 각계층에서는 도고 함장을 세계 3代 해전 영웅으로 옹립하려는 운동을 전개하는 국가적 음모의 현장에서 한 기자가 물었습니다.

"장군님은 세계 3代 해전 영웅이십니다. 이 역사적 영광에 한 말씀 부탁드리겠습니다"라고 말하니 "여러분들이 이러시면 세상에 부끄러운 일이며 제가 선친들에게 얼굴을 들 수 없으며 죄인이 됩니다."라고 말하며 세계3代 해전의 세계적 영웅은 조선의 이순신이라고 했습니다. 기자가 놀라며 "아니 장군님의 말씀이 무슨 뜻입니까?" 되물으니 다음과 같은 말을 합니다.

"영국의 넬슨은 영국4:스페인6 비율로 스페인을 이겼습니다. 나는 일본3:러시아7 비율과 당시 러시아는 최신식 고성능 무기와 발틱함대라 말할만큼 단 한 번도 패한 적 없는 일명 귀신 함대와 싸우니 100% 패전으로 전멸할 수 밖에 없는 실전입니다.

나는 이 죽음의 실전에서 출정 전야 때 이순신의 유품과 영정을 모신 제당을 차려 그 앞에서 예를 갖추고 내일 대일본 제국을 위하여 목숨을 바치러 나갑니다. 저에게 "장군님 같은 힘과 용기를 주십시오"하며 수십번 기도와 절을 하였고 전 해군 병사에게 한 사람 한 사람 죽으러 간다는 기도를 하게 하였습니다. 그리고 이순신의 기를 받은 힘의 근원으로 승리하였습니다. 그리고 이순신은 임란 때 전비 13代 130 으로 23전 23승 전승하였습니다.

그는 신의 명장입니다. 나는 이순신이 막걸리 한잔 하사하면 그 잔을 마시는 게 소원이며, 우리 가문의 영광입니다. 이순신에 비하면 나는 하사관에 불과합니다."

도고 함장은 세계3代 해전 영웅은 "조선의 이순신"이라고 말하였습니다. 그런데 수년 전 수도권 한복판 광화문 앞 성웅 이순신 동상에서 간웅이냐 영웅이냐를 따지는 시위가 일어나고 지금도 이순신의 죽음에 명확치 못하고 불분명합니다. 과연 장군은 장열한 죽음을 탰했을까? 은둔설이냐? 행불이냐? 참으로 쓸쓸합니다.

일본은 조선을 영원히 식민지 속국으로 만들기 위해 자국 국무성 발언에서 조선인들은 사돈이 밭을 사면 배 아파라하는 족속입니다. 우리 일본은 중국, 러시아, 미국과 외교만 잘하면 문제없습니다.

"조센징 히로 고꼬로노 나이데스"

상대를 영웅화하고 높이 평가하고 격을 올려주는 마음이 없는 족속입니다. 그들은 20명 이상이 모이면 시기와 질투 모략과 음해로 분열되고 자멸해 버리는 민족입니다. (일본 국무성 발언)

草島에서 - 大山 -

91.

천작얼유가위
자작얼불가환
天作孽猶可違
自作孽不可逭

"하늘이 만든 재앙은 오히려 피할 수 있어도
자기가 초래한 재앙은 벗어날 수 없다"
(출전 : 書經 太甲)

선천적 운명은 노력 여하에 따라 후천적으로 바꿀 수
있습니다. 그러나 자신이 저질러 놓은 후천적 운명은
절대적 바꿀 수 없다는 이야기입니다. 그래서 서산대사
는 아래와 같은 성문으로 세인들에게 경고했습니다.

踏雪野中去 (답설야중거) 눈 내린 들판을 걸어갈 때
不須胡亂行 (불수호란행) 함부로 어지러이 발걸음을
내 딛지 말라
今日我行跡 (금일아행적) 오늘 내가 남긴 발자국이
遂作後人程 (수작후인정) 뒤에 오는 사람의 이정표가
되리니

"자업자득"이란 말이 있습니다.
자신이 저지른 과보(果報)나 업은 자신이 받습니다.

스스로 저지른 결과라는 뜻으로 많이 씁니다. 따라서 여기서 업은 나쁜 업을 일컫습니다.

자업자박(自業自縛)과 같은 뜻으로, 자신이 쌓은 업으로 자신을 묶는다는 말입니다.

자기가 꼰 새끼로 자신을 묶어, 결국 자기 꾐에 자기가 빠지는 것을 뜻하는 자승자박(自繩自縛)도 이와 비슷합니다.

그 밖에 과거 또는 전생의 선악의 인연에 따라 뒷날 길흉 화복의 갚음을 받게 된다는 뜻의 인과응보(因果應報)에도 자업자득의 뜻이 들어 있습니다.

자업자득에는 무슨 일이든 결국 옳은 이치대로 돌아간다는 사필귀정(事必歸正)의 뜻이 담겨 있습니다.

'피불상대' 자신의 업보를 누가 대신하여 줄 수 없다는 말이 됩니다

- 大山 -

92.

다행불의필자폐
多行不義必自斃

의롭지 못한 일을 많이 하면 반드시 자멸한다.
- 좌전 -

목수들에게는 하나의 규칙이 있습니다.
한번 자르기 전에 두 번을 재는 것입니다.

생각만으로 부자가 될 수 없습니다.
중요한 것은 생각이 아니라
좋은 습관을 꾸준히 실천하는 것입니다.

"돈과 권력은 어두운 그림자와 함께 옵니다"

- 大山 -

93. 김립송 金笠頌

김삿갓의 노래

一
浮浮我笠等虛舟 (부부아립등허주)
정처 없이 떠도는 내 삿갓 마치 빈 배와 같이

一着平生四十秋 (일착평생사십추)
한 번 쓰고 다닌지 사십 평생이어라

牧豎經裝隨野犢 (목수경장수야독)
더벅머리 목동의 소몰이 갈 때의 차림새이고

漁翁本色伴白鷗 (어옹본색반백구)
갈매기 벗하는 늙은 어부의 모습 그대로 일세

醉來脫掛看花樹 (취래탈괘간화수)
술에 취하면 의복 벗어 나무에 걸고 꽃구경하며

興到携登翫月樓 (흥도휴등완월루)
흥이 나면 손을 들어 누각에 올라 달구경 하네

俗子衣冠皆外飾 (속자의관개외식)
사람들의 의관이야 겉모습 치장하기에 바쁘지만

滿天風雨獨無愁 (만천풍우독무수)
내 삿갓은 비바람 몰아쳐도 근심 걱정 없다오!

칠언절구의 이 시는 아마도 생의 말년에 지금껏 방랑
자로 살아온 자신의 모습을 관조하는 시입니다.

그가 남긴 시들은 대부분 세상인심을 조롱하는 풍자시
들이지만, 삿갓의 노래는 드물게 자신의 모습을 모델로
하는 시라 할 수 있습니다. 인생! 곧 나그네의 삶이란
거추장스러운 것은 짐이 됩니다. 가진 것 없으니 버릴게
없고 버릴다게 없으니 오늘 밤 자고 내일 아침에 떠나도
아까운 것도 미련도 없었을 겁니다. 하늘을 가리는 낡은
삿갓 하나만 있으면 근심 걱정 없다는 말로 그는 김삿갓
의 노래를 끝냈습니다.

- 大山 -

94.

水至清則無魚
人至察則無徒

수지청측무어 인지찰측무도

- 공자

물이 지극히 맑으면 물고기가 살지 못하고 사람을 지극히 살피면(察) 사람이 떨어져 나간다.

이것은 청렴결백이 좋다고는 하지만 그것이 도에 지나치면 사람이 따르지 않는다는 것을 비유해 하는 말입니다.

옛말에 '탐관 밑에서는 살 수 있어도 淸官(청관) 밑에서는 살지 못한다'는 말이 있습니다.

≪孔子家語(공자가어)≫ 入官篇(입관편)에 子張(자장)의 물음에 대답한 孔子(공자)의 긴 말 가운데 "물이 지나치게 맑으면 고기가 없고 사람이 지나치게 맑으면 따르는 사람이 없다"고 하는 말이 나오고 백성이 작은 허물이 있으면 그의 착한 점을 찾아내어 그의 허물을 용서하라고 했습니다.

≪後漢書(후한서)≫ 班超傳(반초전)에는 西域都護(서역도호)로 있던 반초가 그의 後任(후임)으로 온 任尙(임상)을 訓戒(훈계)한 말이라 하여, "그대는 성질이 엄하고 급합니다. 물이 맑으면 큰 고기가 없는 법이니 마땅히 蕩佚(탕일)하고 簡易(간이)하게 하라"고 나와 있습니다.

- 大山 -

95. 부불교인부부진
富不驕人富不盡

一 부불교인부부진 (富不驕人富不盡)
　　귀무능천귀무궁 (貴無凌賤貴無窮)

부자(富者)가
교만(驕慢)하지
않으면 항상
부귀(富貴)할 것이요.

귀인(貴人)이
천인(賤人)을
업신여기지 않으면
항상
귀인이 될 것입니다.

- 大山 -

96. 비정리법권천
非精理法權天

인정은 이치를 이기지 못하고
이치는 법을 이기지 못하고
법은 권력을 이기지 못하고
권력은 하늘을 이기지 못한다는 말이 있습니다.

비용지덕운천 (非勇智德運天)
용감한 사람은 지혜로운 사람을 이기지 못하고
지혜로운 사람은 덕이 있는 사람을 이기지 못하고
덕이 있는 자도 운이 있는 사람을 이기지 못하고
운이 있는 자도 하늘을 이기지 못 합니다.

신구미월령(新鳩未越嶺)
어린 비둘기는 재를 넘지 못 합니다.

청년미노승(靑年未老勝)
경험이 부족한 젊은 사람은
나이 든 사람을 이기지 못 합니다.

- 大山 -

97. 몽중몽설 夢中夢說

"꿈속에 꿈 이야기를 하듯이 무엇을 말하는지
 종잡을 수 없는 말을 함"

— 몽중몽(夢中夢) 꿈속에서 또 꿈을 꾼다는 말입니다.

꿈이야기 자체도 믿을 수 없을 만큼 황당한 경우가 있는데 꿈속에서 나눈 또 다른 꿈 이야기는 어떠했을까요? 꿈속에 이야기도 황당한데 또 꿈을 꾸니 얼마나 어이 없는 말인가요? 아무런 근거 없는 황당한 이야기임이 분명합니다. 우리는 황당한 이야기에 가끔 우리의 마음을 줍니다.

노력으로 얻어야 할 것을 횡재로 얻으려 하고 한걸음 한걸음 가야할 곳을 건너뛰어 가려고 합니다.

그런 때에는 차라리 몽중몽설같은 황당한 이야기에 귀를 기울리게 됩니다. 위험한 일입니다.

진실과 상식만 말해도 시간이 부족한데 터무니 없는 말들은 삶에 도움이 안 되며 재앙으로 닥칠 수 있으니 조심해야 합니다.

- 大山 -

98. 척확지굴이구신야
尺蠖之屈以求信也

**"자벌레가 몸을 구부리는 것은
다시 펴기 위해서이다"**

미래의 성공을 위하여 현재의 굴욕이나 어려움을 참아
야 하는 것을 비유하는 고사성어입니다.
"주역(周易)"에서 유래되었습니다.

자벌레는 자벌레 나방의 애벌레로, 꽁무니를 머리쪽으
로 끌어당겨 움츠렸다가 몸을 길게 늘이는 동작을 반복
하여 앞으로 나아갑니다.

'신(信)'은 편다는 뜻의 '신(伸)'과 통용됩니다.
"주역"의 "계사(繫辭)" 하편에 다음과 같은 말이 실려
있습니다.

"자벌레가 몸을 구부리는 것은 다시 펴기 위함"이요, 용과 뱀이 겨울에 칩거하는 것은 봄을 위하여 그 몸을 보존하는 것입니다. 사물의 이치를 치밀하게 생각하여 신묘한 경지에 들어서는 것은 세상에 널리 쓰기 위함이요, 쓰는 것을 이롭게 하여 몸을 편안하게 하는 것은 덕을 숭상하기 위함입니다.

尺蠖之屈, 以求信也. 龍蛇之蟄, 以存身也. 精義入神, 以致用也, 利用安身, 以崇德也.

여기서 유래하여 "척확지굴이구신야"는 자벌레가 앞으로 나아가기 위하여 몸을 구부리듯이, 미래의 발전이나 성공을 위하여 현재의 굴욕이나 어려움은 능히 참아내야 한다는 것을 비유하는 고사성어로 사용됩니다.

- 大山 -

99.

假金方用眞金鍍
若是眞金不鍍金

가금방용진금도 약시진금부도금

가금방용진금도 (假金方用眞金鍍)
가짜 금은 도금하여 순금인 것처럼 쓰지만
약시진금부도금 (若是眞金不鍍金)
순금은 이와 같이 도금하지 않는다.

반짝인다고 모두 금이 아니다.
(All is not gold that glitters.)

피갈회옥(被葛懷玉)
-피갈(被葛) : 갈포(葛布)옷. 그러한 차림.
-구갈(裘葛) : 갖옷과 갈포(葛布)옷.
-구갈(裘褐) : 갖옷과 거친 털옷.
-회옥(懷玉) : 마음속에 "보석(寶石)=진리(眞理)=도
(道)"를 품다. 마음에 옥(진리)을 품은 사람은 외모와
치장(治粧)에 무관심하다.

내용이 좋으면 겉치레가 불필요합니다. 지덕(知德)을
갖추었으나 세상에 알려지지 않은 선비를 말합니다.

겉은 거칠고 남루한 옷을 입고 있으나, 속에는 옥을 지녔다는 뜻으로, 인품이 귀하고 격이 높은 사람을 비유한 말로써 어질고 덕 있는 사람이 세상(世上)에 알려지지 않으려 함을 이르는 말입니다.

- 노자 -

금옥패서(金玉敗絮) 매감자언(賣柑者言)
금옥기외(金玉其外) 패서기중(敗絮其中)
겉은 금옥처럼 화려하나
속은 헌 솜(敗絮)으로 차 있습 니다.

A saint abroad, a devil at home.
밖에서는 성인, 집안에서는 잡귀(惡魔).

구불이선폐위량 (狗不以善吠爲良)
인불이선언위현 (人不以善言爲賢)
- 장자(莊子) 서무귀(徐無鬼) 24 -

개는 잘 짖는다고 좋은 개라 할 수 없고,
좋은 말 많이 한다고 현인이라 할 수 없습니다.
불이언거인 (不以言擧人) 불이인폐언 (不以人廢言)
군자는 말만 잘한다고 해서 그를 들어 쓰지 아니하고,
신분이 낮다하여 그의 옳은 말은 버리지 않습니다.

- 大山 -

100. 선자수복 善者受福

선자수복 善者受福 선자는 복을 받고
악자수죄 惡者受罪 악자를 죄를 받는다.
수숙역각 受熟亦各 그 각각 숙명이 있으니
피불상대 避不相對 누가 대신하여 줄 수 없다.

- 법구경 -

선행을 하면 선행의 업보가 쌓이고
악행을 하면 악업이 반드시 쌓입니다.
그리고 모두가 알아볼 수 있도록
자신의 얼굴에 표시되어 나타납니다.

내 죄를 누가 대신할 수 없고
남의 죄를 내가 대신할 수 없습니다.
각자의 선행은 각자의 복으로 이어지고
각자의 악행은 각자의 벌로 이어지는 것이
우리네 인생 숙명입니다.

- 大山 -

101. 장무상망 長毋相忘

"오랜 세월이 지나도 서로 잊지 말자." 라는 뜻.

말은 秋史추사 金正喜김정희의 마지막 세한도(歲寒圖) 인장으로 찍힌 말입니다. "장무상망"은 추사가 먼저 쓴 것이 아니라 2천년 전 한나라에서 출토된 와당(瓦當) 기와에서 발견된 글씨입니다. "생자필멸(生者必滅)"이라는 말처럼 살아있는 것은 모두 쓰러지고 결국에는 사라집니다. 그러나 추사와 그의 제자(弟子) 이상적과 나눈 그 애절한 마음은 이렇게 오늘도 살아서 우리를 감동시키고 있습니다.

가장 어려울 때 (제주도 유배 중) 추사를 생각해 준 사랑하는 弟子에게 추사는 세한도를 주면서 요즘 말로 가볍게 영원불멸(永遠不滅)이라 하지않고 조용히 마음을 안으로 다스려 "장무상망"이라 표현했습니다. 그래서 그 애절함이 우리의 마음을 흔드는 것입니다. 세상(世上)을 살면서 오래도록 서로 잊지말자고 장무상망이라 말할 수 있는 사람이 두어 명은 있어야 인생(人生)을 결코 헛되이 살지 않았다고 할 수 있을 겁니다.

일찍이 세기의 철학자요 예술가이며, 예언가이자 종교 지도자였던 솔로몬 왕은 이렇게 인생을 술회하고 세상을 떠났습니다.

"헛되고 헛되니 모든 것이 헛되도다."

인간이 가질 수 있는 모든 가치를 다 가져본 솔로몬도 그것을 허무하다고 탄식했다면 아마도 친구들과 나누는 찻잔 속의 따스한 향기가 더 소중한 것일지도 모릅니다.

주름진 부모님의 얼굴도, 아이들의 해맑은 재롱도, 아내의 지친 손길도. 남편의 피곤한 어깨도, 나의 따뜻한 위로와 미소로 보듬을 수 있는 것이 오늘을 사는 지혜가 아닐까 합니다. 당신이 외로울 때 힘이 되어줄 사람, 장무상망의 그 사람이 당신에게는 있습니까?

세상을 살면서 "오래도록 서로 잊지 말자"(長毋相忘)이렇게 말할 수 있는 사람이 두어 명은 있어야 내 인생은 헛살지 않았다고 할 수 있을 겁니다.

가만히 되돌아 봅니다.

나는 다른 사람에게 長毋相忘의 소리를 들을 수 있는 그런 사람인가를.
공수래공수거...
안개 같은 삶의 터전 위에 사랑만이 남아 있는 소중한 보물입니다.

- 大山 -

195

102. 장사숙 인생철학

無道人之短 無說己之長
(무도인지단 무설기지장)
다른 사람의 단점을 말하지 말고,
자기의 장점도 말하지 말라!

施人愼勿念 受施愼勿忘
(시인신물념 수시신물망)
남에게 베풀었거든 생각하지 말고,
은혜를 받았으면 잊지 마라!

世譽不足慕 惟仁爲紀綱
(세예부족모 유인위기강)
세상의 명예를 부러워 말고,
오직 어진 마음으로 근본을 삼으라!

隱心而後動 謗議庸何傷
(은심이후동 방의용하상)
마음을 숨기고서 움직여라!
비방을 한다고 어찌 남을 상하게 하겠는가?

無使名過實 守愚聖所藏
(무사명과실 수우성소장)
명예가 실제보다 지나치지 않게 하며,
어리석은 성스러움을 간직하라!

在涅貴不淄 曖曖內含光
(재열귀불치 애애내함광)
물들여도 검게 물들지 말고
흐릿하게 하여 안으로 그 광채를 숨겨라!

柔弱生之徒 老氏戒剛彊
(유약생지도 노씨계강강)
유약함은 살아있는 것이니,
노자는 굳세고 강한 것을 경계하였다!

行行鄙夫志 悠悠故難量
(행행비부지 유유고난량)
강한 것은 비부의 뜻이니,
느긋하게 해서 헤아리기 어렵게 하라!

愼言節飮食 知足勝不祥
(신언절음식 지족승불상)
말을 삼가고 음식을 조절하며,
족함을 알면 불행은 능히 극복된다.

行之苟有恒 久久自芬芳
(행지구유항 구구자분방)
행함이 진실하여 변함이 없고,
오래될수록 저절로 좋은 향기가 난다.

이 글은 조선 후기에 활동한
도화서 화원 최원의 글입니다.

최원은 사살(四殺)이란 글로 유명합니다.
오늘날까지 개인, 위정자 모두에게 바르게
처신하라는 경계의 글입니다.

자신과 자손, 그리고 백성과 천하를 죽이고 만다는...
이 네 가지 가르침을 조용히 되새겨 봅시다!

사람은 욕심을 가짐으로 자신을 죽이고,
재산을 남기는 것으로 자손을 죽이며,
정치를 잘못하는 것으로 백성을 죽이고,
학문과 교육을 잘못하는 것으로 천하를 죽입니다.

- 大山 -

103. 인생을 인정하라!!
원증회고 怨憎會苦

─ 불교 경전에 나오는 인생에 지혜로운 글을 나눕니다. 살다 보면 만나기 싫은 사람도 어쩔 수 없이 만나야 하고, 하기 싫은 일도 해야 하는 상황이 종종 발생합니다.

원증회고(怨憎會苦)
원망할 원, 미워할 증, 만날 회, 쓸 고

불교에서 말하는 팔고(八苦)의 하나로 원한을 품어 미워하는 자와 만나는 괴로움이나 싫은 환경에 살거나 싫은 일을 하여야 하는 불교에서 말하는 팔고(八苦)가 나옵니다. 즉, 사람이 겪는 여덟 가지 괴로움입니다.
(1) 생고(生苦) : 이 세상에 태어나는 괴로움.
(2) 노고(老苦) : 늙어 가는 괴로움.
(3) 병고(病苦) : 병으로 겪는 괴로움.
(4) 사고(死苦) : 죽어야 하는 괴로움.
(5) 애별리고(愛別離苦) : 사랑하는 사람과 헤어져야 하는 괴로움.
(6) 원증회고(怨憎會苦) : 미워하는 사람과 만나거나 살아야 하는 괴로움.

(7) 구부득고(求不得苦) :
구하여도 얻지 못하는 괴로움.
(8) 오성음고(五盛陰苦) :
색(色)·수(受)·상(想)·행(行)·식(識)의 오음(五陰)에 탐욕
과 집착이 번성하므로 괴로움.

이렇게 보니 삶 자체가 괴로움인 것 같습니다. 태어나
면서부터 죽을 때까지 괴롭다는 것을 봅니다. 하지만
힘들고 어려움 속에서도 행복을 찾아가는 것이 인생인
것 같습니다. 어쨌든 살아가야 하기 때문에 행복을 찾아
야 하는 것입니다.

다시 원증회고(怨憎會苦)로 돌아갑니다.
미운 사람, 싫은 것, 바라지 않는 일... 반드시 만나게
됩니다. 원수, 가해자, 아픔을 준 사람, 꼴도 보기 싫은
사람도 만나게 되며 가난, 불행, 병고, 이별, 죽음 등
내가 피하고 싶은 것들이 나를 찾아옵니다. 세상은 돕니
다. 빙글빙글... 주기적 사이클로... 나도 자연의 일부
인만큼 사이클이 주기적으로 찾아옵니다. 이를 '라이프
사이클(life cycle)'이라고 합니다.

현명하고 지혜롭고 매사에 긍정적인 사람은 능히 헤쳐
나가지만 우둔하고 어리석고 매사에 소극적인 사람은
그 파도에 휩쓸리나니 늘 마음을 비우고 베풀며 살아야
합니다.

< 원증회고 (怨憎會苦) >

추운 겨울 칼바람이 지나면 따스한 봄바람이 찾아오듯이 삶에도 사이클이 있습니다. 피하고 싶고 고통스러운 순간이 지나면 영원하고 싶은 행복한 날이 찾아옵니다. 이렇듯 인생은 부정적인 경험과 긍정적인 상황의 조합입니다. 저는 이제까지 삶의 부정적인 측면에 좌절하거나 압도당해왔습니다. 내가 싫어하거나 피하고 싶은 것에 초점이 맞추어져 있던 것입니다. 태도와 관점을 바꾸면 삶이 바뀐다는 평범한 사실을 실천하지 못했습니다. 작고 사소하게 보일 수도 있는 걷기, 명상, 독서로 태도를 변화시키려고 합니다. 걷기와 명상으로 부정적인 몸과 마음을 비우고, 독서로 가치있는 것을 채우고 있습니다. 내가 통제할 수 있는 것과 삶에서 소중하게 생각하는 것의 긍정적인 측면으로 관점을 바꾸려고 노력하고 있습니다. 궁극적으로 인생은 성장과 변화의 연속적인 과정이며, 인생의 사이클을 탐색하고 경험으로 배우고 깨닫게 될 때 삶은 더 풍요로워질 것입니다.

104. 가유현처장부 부조횡사
家有賢妻丈夫 不遭橫事

"집안에 현처(賢妻)가 있으면 장부(丈夫)는
우환이나 횡사(橫事)를 만나지 않는다."

'현처(賢妻)'란 '현명(賢明)한 아내' '어진 아내'라는 말
이고, '장부(丈夫)'는 '건장한 남자' 또는 '남편(南便)'을
의미(意味)하는데 여기에서는 '남편(南便)'이란 뜻으로
였습니다. '횡사(橫事)'란 '예기(豫期)치 않은 사고(事
故)' '예상(豫想)치 못한 나쁜 일'을 말합니다. 따라서 이
말은 '현명(賢明)하고 어진 아내를 가진 남자(男子)는
예기니(豫期)치 않은 재난(災難)이나 불행(不幸)한 일
에 말려 들지 않는다'는 뜻입니다.

가정(家庭)에 어진 아내가 있으면 남편(男便)이 횡사
(橫事)를 당(當)하지 않는데 그 이유(理由)는 마음에
언제나 평온(平穩)함과 안정감(安定感)이 깃들어 있기
때문입니다. 만일(萬一) 악처(惡妻)가 집에 있어서 남
편(男便)이 없는 동안 무슨 일을 저지를지 모르는 상태 (
狀態)라면 그 남편(男便)은 밖에서 안심(安心)하고 일
에 열중(熱中)할 수 없을 것입니다. 머릿속에 약간(若干
)의 불안감(不安感)만 있어도 그것이 실수(失手)와 연결
(連結)될 가능성(可能性)은 얼마든지 있는 것입니다.

아침에 집을 나서는 남편(男便)에게 불평(不評)을 늘어
놓고 바가지를 긁는 아내가 있다면, 그런 아내의 남편
(男便)은 일을 대(對)하는 자세(姿勢)가 유쾌(愉快)하
지 못할 것입니다. 뿐만 아니라 아내가 돈만 밝히려
든다면, 남편(男便)은 아내의 욕구(慾求)를 충족(充足)
시켜주기 위해 부정(不正)한 일에 손을 댈 수도 있을
것입니다.

- 大山 -

105. 호지무화초 胡地無花草
춘래불사춘 春來不似春

胡地無花草 (호지무화초)
오랑캐 땅에 화초가 없으니
春來不似春 (춘래불사춘)
봄이 와도 봄 같지가 않구나
自然衣帶緩 (자연의대완)
저절로 의대가 느슨해진 것이지
非是爲腰身 (비시위요신)
가는 몸매 위해서가 아니네

<왕소군>
春來不似春 (춘래불사춘) "봄이 왔으나 마음은 봄 같지 않다"라는 말입니다. 왕소군이 흉노의 강합적 결혼으로 자신의 처지를 비관하여 말한 내용입니다. 한나라 원제의 궁녀 남군(南郡) 자귀 사람으로 이름은 장(嬙), 자는 소군(昭君)입니다. 진(晉)나라 황제 사마소의 이름에 '소'자를 피하여 명군(明君), 명비(明妃)라고도 일컬어집니다. 한나라 원제 때의 궁녀입니다.

전승에 따르면 화공(畫工, 화가)인 모연수가 자기에게 재물을 바치고 아부하는 궁녀들의 모습만 아름답게 그려서 황제에게 올렸는데, 왕소군은 뛰어난 용모를 가지고 있었지만 자존심 때문에 모연수에게 뇌물을 주지 않아서 입궁한 지 수년이 지나도록 황제에게 간택 되지 못했다고 합니다.

흉노로 시집가다.

원제 경녕(竟寧) 원년(BC.33)에 흉노의 왕 호한야(呼韓邪)가 한나라와 혼인 화친을 청하자, 한나라에서는 왕소군을 시집보내기로 결정했는데 왕소군이 흉노로 시집가는 날 원제가 왕소군의 용모를 처음 보고는 크게 놀라고 말았습니다. 그는 왕소군을 흉노로 보내기 싫었지만 이미 결정된 일이라 돌이킬 수가 없었습니다. 후에 원제는 크게 노하여 모연수를 죽이고 그의 재산을 몰수 했습니다.

"침어낙안" "폐월수화"는 중국의 4대 미인을 통칭한 성문입니다.

<서시>
그녀의 미모를 보면 물속의 물고기조차 넋을 놓고 바닥에 가라앉았다고 해서 '침어(沈魚, 물고기도 가라 앉힌다)'라는 별칭으로 불렸습니다.

<왕소언>

날아가는 기러기가 그녀의 미모에 넋이 나가 날갯짓을 멈추어 땅으로 떨어졌다고 해서 '낙안(落雁, 기러기도 떨어뜨린다) '이란 별명을 얻었습니다.

<초선>

달도 그녀의 미모에 부끄러워 구름 속으로 모습을 숨겼다고 해서 '폐월(閉月, 달이 숨는다)'이란 별칭으로 불렸습니다.

<양귀비>

그녀가 나타나면 아름다운 꽃들도 그녀의 미모에 부끄러워했다고 해서 '수화(羞花, 꽃들을 부끄럽게 만들다)'라는 별명을 얻었습니다.

이들 4대 미녀의 별칭을 모아
"침어낙안(浸魚落雁), 폐월수화(閉月羞花)"라는 댓구를 만들었습니다.

- 大山 -

106. 정부(政府)란?

"총, 칼 등 흉악한 무력과 강합적인 악법으로 선량한 인민을 핍박, 억압하고 도탄과 궁핍으로 대항치 못하게 하여 강제적 고혈을 짜내어 자신들의 배를 채우는 잔악무도한 자들의 집단이다."
- 톨스토이 -

"지나치게 과한 세금(정부)은
사나운 호랑이보다 무섭다."
이른바 苛政猛於虎 (가정맹어호)이며
過稅猛虎危之 (과세맹호위지)이다.
- 공자 -

어느 날 공자가 12대 제자들과 길을 가는데 태산 어느 무덤 앞에서 너무나 슬피 우는 아낙을 보고 무슨 곡절 있기에 저렇게 통곡을 하는지 알아보라 하니 자로가 가서 물었습니다. 아니 무슨 까닭에 그리도 슬피웁니까? 하고 물으니 "이곳은 참으로 무서운 곳입니다.

이곳 고을에 호랑이가 나타나 3년전 시아버지를 물어
갔고 제작년에 아들을 물어가고 금년에 지아비를 물어
갔습니다" 하고 말하니 "아니 그렇게 호랑이가 출현하
여 무서우면 다른 곳으로 이사를 가면 되지 않습니까?"
되물으니 아낙은 "이 고을은 세금이 없습니다"며 민초
피 빼는 혈세 세금에 시달릴 일이 없다고 했습니다.
이 말을 들은 공자는 무릎을 치며

"過稅猛虎危之 (과세맹호위지)"라 하였습니다.

호랑이에게 물려가 목숨을 잃을지라도 호랑이보다 세
금이 없는 곳이 살기가 낫다는 고사성어가 생겨났습니다.

"가혹한 정치는 호랑이 보다 사납다"
- 공자 -

107. 장진주 將進酒

이백(李白)

君不見 군불견
그대 모르는가
黃河之水天上來 황하지수천상래
황하의 강물은 하늘에서 내려와
奔流到海不復回 분류도해불부회
세차게 바다로 흘러 다시 돌아오지 않음을.

君不見 군불견
그대 모르는가,
高堂明鏡悲白髮 고당명경비백발
멋진 저택의 거울 앞에서 흰 머리 슬퍼함을
朝如靑絲暮成雪 조여청사모여설
아침에 검은 머리 저녁엔 흰눈 같네.

人生得意須盡歡 인생득의수진환
모름지기 인생은 즐길 수 있을 때 마음껏 즐길지니
莫使金樽空對月 막사금준공대월
멋진 술통 달 아래 헛되이 두지 말게

天生我材必有用 천생아재필유용
하늘이 내 재주 내었을 땐 필경 쓰일 데 있을 터
千金散盡還復來 천금산진환부래
천금을 다 써버린다 하여도 언젠가는 돌아올 것이니
烹羊宰牛且爲樂 팽양재우차위락
양을 삶고 소를 잡아 즐겨나 보세.

會須一飮三百杯 회수일음삼백배
한번 마셨다면 삼백 잔은 마셔야지
岑夫子 잠부자 丹丘生 단구생
잠부자, 단구생이여~
將進酒 장진주
한 잔 드시게나.

君莫停 군막정
그대 멈추지 마시게
與君歌一曲 여군가일곡
그대 위해 한 곡조 읊어보리니
請君爲我傾耳聽 청군위아경이청
청컨대 나를 위해 귀 기울여 주게나.

鐘鼓饌玉不足貴 종고찬옥부족귀
성대한 음식상이 귀한 게 아니고
但願長醉不用醒 단원장취불원성
단지 오래 취해 깨지 않기를 바랄뿐
古來聖賢皆寂寞 고래현달개적막
예로부터 성현들은 다 흔적 없이 사라졌어도
惟有飮者留其名 유유음자유기명
오직 술마시는 사람만이 이름을 남겼다네.

陳王昔時宴平樂 진왕석일연평락
진왕(陳王)은 예전에 평락관(平樂館) 잔치에서
斗酒十千恣歡謔 두주십천자환학
한 말에 만냥하는 술을 마음껏 즐겼다네.

主人何爲言少錢 주인하위언소전
주인이 어찌 돈이 없다(적다) 하겠는가.
徑須沽取對君酌 경수고취대군작
당장 술 사와 그대에게 대접하리라.

五花馬 오화마
千金裘 천금구
귀한 말과 값진 갑옷이라도
呼兒將出換美酒 호아장출환미주
아이 불러 내어다가 좋은 술과 바꾸어서
與爾同銷萬古愁 여이동소만고수
그대와 함께 만고의 시름 녹여나 보세.

211

108. 시호명명 視乎冥冥

視乎冥冥 聽乎無聲
(시호명명 청호무성)
보이지 않는 시원한 것을 보고 소리 없는 소리를 듣는다.

새싹은 봄이 오는지 어떻게 아는 것일까요?
그들은 봄이 오면 어김없이 대지를 뚫고 나와 세상에 모습을 드러냅니다. 동면 속에 깊이 잠 들어있던 곰 같은 동물도 잠자던 동굴 밖으로 나와 바람을 쐬기 시작합니다. 그들은 아무 것도 보이지 않는 땅 속에서 무엇을 보는 것일까요? 그들은 아무 소리도 들리지 않는 깊은 산, 깜깜한 동굴 속에서 무슨 소식을 듣는 것일까요?

사람들은 동, 식물을 미물이라고 합니다. 이와 같이 미물들도 보이지 않는 세상에서 볼 수 있는 것이 있고, 들리지 않는 세상에서 들을 수 있는 것이 있습니다. 미물도 이러하거늘 하늘이야 어떠하겠습니까? 하늘은 어두운 가운데에서도 모든 것을 보고, 들리지 않는 가운데에서도 모든 것을 들을 수 있다고 옛사람들은 말을 합니다.

하늘은 어두워서 아무 것도 보이지 않지만 거기에서도
모든 것을 보며, 소리가 없어서 아무 것도 들리지 않을
것 같지만 거기에서도 듣는다는 말일 것입니다.
그러므로 사람들은 누구의 눈에도 띄지 않는 곳이거나,
소문이 날 걱정이 없는 곳일지라도, 언행(말하고 행동
하는 것)을 지극히 주의하여야 한다는 의미입니다.

欲勝人者 必先自勝
(욕승인자 필선자승)

"남을 이기려고 하는 자는 먼저
자기를 이겨야 합니다."

- 大山 -

109. 一日之計在于晨
一年之計在于春

일일지계재우신
일년지계재우춘

"하루의 계획은 새벽에 달려 있고,
한 해의 계획은 봄에 달려 있다."
일일지계재우신 (一日之計在于晨)
일년지계재우춘 (一年之計在于春)

신은 새벽 晨, 춘은 봄 春입니다.
하루의 시작이 되는 새벽이
그날의 할 일을 계획하기에
가장 좋은 때이고,
한 해의 시작이 되는 봄이
그 해의 할 일을 계획하기에
가장 좋은 때라는 말입니다.

- 大山 -

110. 득도다조 得道多助

강한 사람은 힘이 센 사람도 아니고,
지위가 높은 사람도, 엄청난 부를 소유하거나
학력이 높은 사람도 아닙니다.
세상에서 가장 강한 사람은
도와주는(助) 사람이 많은(多) 사람입니다.

아무리 힘센 사람이라도 도와주는 사람이
많은 사람을 이기지는 못합니다.
그 사람이 잘 되기를, 쓰러지지 않기를,
응원해주는 사람이 많으면
그는 절대 무너지지 않습니다.
주위에 도와주는 사람이
많은 사람이 가장 강한 사람입니다.

맹자는 이렇게 도와주는 사람이 많게 되기 위해서는
인심(人心)을 얻어야 한다고 이야기합니다.
평소에 주위 사람들의 마음을 얻어야만 도와주는
사람이 많아진다는 것이지요.
이것을 '득도다조'(得道多助)라고 합니다.

즉, '도를 얻은 사람은
도와주는 사람이 많다'라는 뜻입니다.

평소에 남에게 베풀고,
인간답게 살았기에
그가 잘 되기를 응원해주는
사람이 그 만큼 많다는 뜻이지요.

여기서 '도(道)'란 사람의 마음입니다.
득도(得道)란 산에가서
도를 깨닫는것이 아니라
사람의 마음을 얻었다는 뜻입니다.

지도자가 '도'를 얻었다는 것은
민심을 얻었다는 것이고
기업가가 '도'를 얻었다면
고객의 마음을 사로잡은 것입니다.

평소에 주위사람을 따뜻하게 대하고
배려해 주었기에 상대방의 마음을
얻을 수 있는 것입니다.

평소에 사람의 마음을 얻은
사람이라면 아무리 어렵고
힘든 상황이 되어도 결코 무너지지 않습니다.
그가 무너지지 않기를 바라는 사람이
너무 많기 때문입니다.

- 大山 -

111. 천년풍치 산부동
千年風治 山不動

— 천년풍치 산부동 (千年風治 山不動)
천 년간 바람이 불어도 산은 움직이지 아니하고
만년수적 해부중 (萬年水積 海不重)
만 년간 물이 쌓이고 고여도
바다는 무겁다 하지 아니한다.

진정한 참된 군자는
묵묵히 변함이 없어야 한다는 이야기입니다.
사람은 처음과 끝이 같아야 합니다.

그래서 초심을 잃지 말라고 하였습니다.
경제 폭망으로 사람이 빈곤해지면 지혜가 짧아집니다.
다시 말해 '인빈지단'으로 변절자로 변할 수 있으니
조심해야 한다는 경구입니다.

- 大山 -

112. 수무상형 水無常形

세상에서 변하지 않는 것은 없습니다.

어제 불어온 바람은 오늘 불어온 바람과 다르고, 어제 보았던 달의 모습은 오늘 떠오른 달의 모습과 같지 않습니다. 사람도 세월을 따라 변합니다. 밝은 쪽으로 변하기도 하고 어두운 쪽으로 변하기도 하며, 크게 변하기도 하고 작게 변하기도 합니다. 사람이 변하므로 세상도 변합니다. 내가 변하면 세상도 변해 보이므로, 내가 변하고 세상도 변한다고 보면 변화는 실로 무쌍합니다.

다양한 변화는 이처럼 자연스러운 현상입니다. 변화를 멀리해서도 안되고, 더구나 변화를 피하거나 두려워해서도 안됩니다. 그러나 때로 우리는 변하지 않는 것을 찾아 나섭니다. 변하지 않는 사람을 찾아 나서고, 변하지 않는 원리를 찾아 나섭니다.

水無常形(수무상형)이라는 말이 있습니다. 常은 항상이라는 뜻인데, 항상적인 것은 곧 일정한 것이므로 이로부터 '일정한'이라는 뜻이 나타났습니다.

常道(상도)는 언제 어디에서도 통하는 '일정한'도, 즉 영원한 진리이며, 人之常情은 언제 어디서나 나타날 수 있는 인간의 일상적인 감정입니다.

形은 형체, 모양, 모습이라는 뜻입니다.
이를 정리하면 水無常形은 물에는
일정한 형체가 없다는 말이 됩니다.
흐르는 물을 보면,
물은 항상 다른 모양으로 움직입니다.
고여 있는 물도 사실은 항상 움직입니다.
물을 둥근 그릇에 넣으면 둥글게 되고,
됫박에 넣으면 네모난 모양이 됩니다.
물은 그렇게 항상 변합니다.
그러나 언제나 물은 물입니다.
아무리 변해도 물이라는 본질에는 변함이 없습니다.

사람도 변합니다.
궁할 때와 부유할 때의 자세가 다르고, 권세 있을 때와 그것을 잃었을 때의 모습이 다릅니다. 도와줄 때와 도움을 받을 때의 표정도 다릅니다. 그러나 이런 변화도 자연스럽게 받아들일 필요가 있습니다. 물이 아무리 변해도 물이 듯이, 사람도 그렇게 쉽게 변하는 것은 아닙니다.

사람에 대한 믿음을 다시 한번 가져볼 필요가 있습니다.
사람을 믿으면 우선 나의 마음이 편안하기 때문입니다.

- 大山 -

113. 어느 낭자를 취하고 나서

— 김삿갓이 일생을 죽장망해(竹杖芒鞋)로 세상을 유람하다가 단천(端川) 고을에서 결혼을 한 일이 있었습니다. 젊은 청춘남녀의 첫날 밤, 불이 꺼지고 천재시인과 미녀가 함께 어우러졌습니다. 뜨거운 시간에 취해 있었던 김삿갓, 그러나 갑자기 찬물을 뒤집어 쓴 것처럼 벌떡 일어나 불을 켜더니 실망의 표정을 지으며 벼루에 먹 갈아 일필휘지합니다.

모심내활 (毛深內闊)
필과타인 (必過他人)
털이 깊고 안이 넓어 허전하니
필시 타인이 지나간 자취로다.

이렇게 써놓고 여전히 입맛만 다시면서 한 숨을 내쉬고 앉아 있었습니다. 신랑의 그러한 행동에 신부가 의아해하는 것은 자명한 사실.

원앙금침에 홀로 남아 있던 신부는 첫날 밤 부끄러움에 감았던 눈을 살며시 떠 김삿갓이 써 놓은 화선지를 살펴보곤 고운 이마를 살짝 찌푸리더니 이불에 감싼 몸을 그대로 일으켜 세워 백옥 같은 팔을 뻗어 붓을 잡더니 그대로 내려쓰기 시작했습니다.

후원황률불봉탁 (後園黃栗不蜂坼)
계변양유불우장 (溪邊楊柳不雨長)
뒷동산의 익은 누런 밤송이는
벌이 쏘지 않아도 저절로 벌어지고
시냇가의 수양버들은 비가 오지 않아도
저절로 자라니라.

글을 친 신부는 방긋 웃더니 제 자리로 돌아가 눈을 사르르 감고 누었습니다. 신부가 써 놓은 글을 본 김삿갓은 잠시 풀렸던 흥이 다시 샘솟아 신부를 끌어안지 않을 수 없었습니다.

- 大山 -

114. 시성읍귀신
詩成泣鬼神

**"붓이 떨어지면 비바람이 놀라고
시가 완성되면 귀신도 흐느낀다"**

昔年有狂客 (석년유광객)
옛날에 광객이 있었으니

號爾謫仙人 (호이적선인)
그대를 적선(謫仙)이라 불렀도다.

筆落驚風雨 (필낙경풍우)
붓을 대면 바람과 비를 놀라게 했고

詩成泣鬼神 (시성읍귀신)
시가 이루어짐에 귀신을 울렸도다.

聲名從此大 (성명종차대)
명성(名聲)이 이를 따라 커지니

汨沒一朝伸 (골몰일조신)
초야에 묻혀 살다 하루아침에 퍼졌도다.

文彩承殊渥 (문채승수악)
문채는 특수한 성은을 받았으니

流傳必絶倫 (유전필절윤)
흘러 전함에 반드시 비길 바 없었도다.

붓을 대면 바람과 비가 놀라고 완성된 시는 귀신을 울린답니다. 이 경지가 짐작이 가십니까? 이래서 두보를 시성이라고 하는가 봅니다. 신의 경지에 이른 재능은 아무리 초야에 묻혀도 세상에 알려질 수밖에 없습니다. 굳이 나서서 자기 자랑할 필요 없다는 말입니다.

저는 아무리 알리고 홍보하고 다녀도 알려지지 않는데... 내 말, 내 글이 귀신을 울릴 정도가 되고 싶지만 사람도 못 울리는 처지에 급 겸손하게 됩니다.

- 大山 -

115. 덕불고필유린
德不孤必有隣

"덕은 결코 외롭지 않고 반드시 이웃이 있다"

덕필유린(德必有隣)이라고도 합니다.

덕이 있으면 반드시 따르는 사람이 있으므로 외롭지 않다는 뜻입니다. 같은 무리들이 함께 어울리는 유유상종(類類相從)처럼 덕을 갖춘 사람에게는 반드시 그와 비슷한 유덕(有德)한 사람들이 따른다는 것을 말합니다. 중국 유교(儒敎)의 근본 문헌으로 공자(孔子:BC 552~BC 479)가 지은 "논어(論語)" "이인편(里仁篇)"에서 유래한 성어(成語)입니다.

"공자는 '덕은 외롭지 않으며 반드시 이웃이 있다'라고 말하였습니다. [子曰 德不孤必有隣]." 덕을 갖추거나 덕망이 있는 사람은 외롭지 않아 반드시 이웃이 있게 마련이라는 말입니다. 덕을 지닌 사람은 다른 사람을 평온하고 화목한 덕의 길로 인도해 주면서 그 길을 함께 나아가므로 외롭지 않은 것입니다. 너그러운 아량으로 매우 좋은 일을 하는 덕스러운 사람은 때로는 고립하여 외로운 순간이 있을지라도 반드시 함께 참여하는 사람이 있다는 뜻으로, 덕을 쌓는데 정진하라는 공자의 말입니다.

- 大山 -

116. 만수청산개피복
萬樹靑山皆被服

김삿갓

김삿갓의 서정적 감성 또한 시인의 천재적 기질이 번뜩이니 함박눈이 와 마을 집집마다 쌓인 설경을 보고 이렇게 노래를 했습니다.

天皇崩乎人皇崩 천황붕호인황붕
천황씨가 죽었는가 지황씨가 죽었는가.

萬樹靑山皆被服 만수청산개피복
온갖 나무와 산들이 모두 상복을 입었구나.

明日若使陽來弔 명일약사양래조
내일 만약 햇님이 조문 온다면

家家簷前淚滴滴 가가첨전루적적
집집 처마마다 방울방울 눈물 흘리리.

김삿갓이 누구입니까?
김삿갓의 본명은 김병연(金炳淵), 자는 난고(蘭皐)이고
순조 7년(1807) 장동 김씨 집안에서 태어났습니다.

선천 부사였던 할아버지 김익순이 홍경래의 난 때 투항한 죄로 집안이 멸족을 당하게 되었는데 당시 6세였던 김병연은 노비의 도움으로 피신했고 후에 폐족으로 사면되어 강원도 영월에서 숨어 살았습니다. 후에 과거에 응시하였는데 사실을 모르던 김병연은 할아버지를 탄핵하는 시를 써서 장원급제하고 이 사실을 어머니에 의해 알게 된 김병연은 20세 때 조상을 욕되게 한 죄인이라는 자책으로 삿갓하나 쓰고 홀연히 방랑의 길에 올라 36년을 방랑 시인으로 살다 갔습니다.

그가 남긴 시들은 총 465수나 되며 당시의 전통적 한시의 양식을 파괴하며 파격적인 해학시를 읊으면서 한 조각 흘러가는 구름 같은 인생을 살았습니다.

- 大山 -

117. 유수불부 流水不腐

"흐르는 물은 썩지 않는다"

한곳에 오래 머물게 되면
자연히 부패하여 썩는 것과 같이
황혼 노년 또한
향상심을 잃고 안주하게 되면
권위적으로 복지부동이 되는 것이기에
생생지락으로 일하는 즐거움을 가지고
창의적으로 새롭게 변모하고
광위일신 하여야
썩지 않고 앞으로
나갈 수 있다는 것입니다,

- 大山 -

118. 답설야중거
踏雪野中去

서산대사

踏雪野中去 (답설야중거)
눈 내린 들판을 걸어갈 때

不須胡亂行 (불수호란행)
함부로 어지러이 발걸음을 내딛지 말라.

今日我行跡 (금일아행적)
오늘 내가 남긴 발자국이

遂作後人程 (수작후인정)
뒤에 오는 사람의 이정표가 되리니..

119. 마부작침 摩斧作針

— 도끼를 갈아서 바늘을 만든다는 뜻.
① 아무리 어려운 일이라도 참고 계속하면
　언젠가는 반드시 성공함의 비유.
② 노력을 거듭해서 목적을 달성함의 비유.
③ 끈기 있게 학문이나 일에 힘씀의 비유.

시선(詩仙)으로 불리던 당나라의 시인 이백[李白:자는 태백(太白), 701~762]의 어렸을 때의 이야기입니다. 이백은 아버지의 임지인 촉(蜀) 땅의 성도(成都)에서 자랐습니다. 그때 훌륭한 스승을 찾아 상의산(象宜山)에 들어가 수학(修學)했는데 어느 날 공부에 싫증이 나자 그는 스승에게 말도 없이 산을 내려 오고 말았습니다. 집을 향해 걷고 있던 이백이 계곡을 흐르는 냇가에 이르자 한 노파가 바위에 열심히 도끼(일설에는 쇠공이[鐵杵])를 갈고 있었습니다.

"할머니, 지금 뭘 하고 계세요?"
"바늘을 만들려고 도끼를 갈고 있다[磨斧作針]."
"그렇게 큰 도끼가 간다고 바늘이 될까요?"

"그럼, 되고 말고. 중도에 그만두지만 않는다면……."

이백은 '중도에 그만두지만 않는다면'이란 말이 마음에 걸렸습니다. 여기서 생각을 바꾼 그는 노파에게 공손히 인사하고 다시 산으로 올라갔습니다.
그 후 이백은 마음이 해이해지면 바늘을 만들려고 열심히 도끼를 갈고 있던 그 노파의 모습을 떠올리곤 분발했다고 합니다.

120. 도득주중 道得酒中

道得酒中(도득주중)
仙遇花裏(선우화리)
雖雅不能離俗(수아불능리속)

"술자리에서도 도덕군자를 만나고
기녀와의 자리에서도 신선을 만난다.
고상함도 세속적인 것에서 벗어나지 못한다."

다시 말해, 세속을 벗어난 고상함이란 없는 것입니다.
道(도)는 길 또는 이치나 도리를 뜻하는데 여기에선
도덕 군자를 가리킵니다. 得(득)은 얻다 또는 깨닫는
다는 뜻인데 여기서는 만난다는 뜻입니다. 酒中(주중)
은 술자리를 가리킵니다. 仙(선)은 신선이나 선녀 또는
세속을 떠난 사람입니다. 遇(우)는 만난다는 뜻입니다.
본의는 우연히 만나는 것인데, 때나 기회를 만나거나
등용됨을 뜻하기도 합니다. 不遇(불우)는 포부와 재능
은 있으나 때를 못 만나 불행함을 가리키는데, 단순히
처지가 불쌍하다는 뜻으로도 쓰입니다.

花(화)는 여기에선 女色(여색)이나 妓女(기녀)를 가리 킵니다. 裏(리)는 表裏(표리·겉과 안)에서처럼 안이나 속의 뜻입니다. 花裏(화리)는 기녀가 있는 자리를 가리 킵니다. 雖(수)는 비록의 뜻으로 양보나 가정을 표시 합니다. 雅(아)는 바르다 또는 고상하다는 뜻입니다. 離 (리)는 떼어놓거나 나누다 또는 헤어지다의 뜻입니다. 俗(속)은 속세나 세속적인 것을 의미합니다. 風俗(풍 속)이나 평범함을 뜻하기도 합니다.

앞 구절의 道(도)와 仙(선)은 雅(아)에 속하고, 酒(주) 과 花(화)는 俗(속)에 속합니다. 금은 광석을 제련해 얻 고, 옥은 돌을 깨 갈고 닦아 얻습니다. 광석과 돌이 없이 는 금도 옥도 없습니다. 그렇듯 사람이 세속을 벗어날 수 없는 존재인 이상 세속적 기반을 벗어나서는 현실 속의 존재가 될 수 없습니다. 술이나 기녀의 세계가 현 실이고 세속이라면 바로 거기에도 도덕군자나 신선의 영역이 존재할 수 있습니다. 雅(아)와 俗(속)을 완전히 분리시켜 단지 세속을 벗어난 세계에서 고상함을 추구 한다면 그것은 풍부한 상상력은 인정되지만 가능한 일은 아닙니다. 처세 방법을 논한 명나라 洪自誠(홍자 성)의 '菜根譚(채근담)에 보입니다.

– 大山 –

121. 지자천려필유일실
智者千慮 必有一失

―
지자천려필유일실
(智者千慮 必有一失)
우자천려필유일득
(愚者千慮 必有一得)

지자(智者)
지식이 많은 자도
천 가지 생각 속에
한 번의 실수는 있을 수 있고

우둔한 자도 천 가지 생각 중에
한번은 얻을 수 있는
기막힌 생각을 할 수 있으며
한 번은 유익한
행동을 할 수 있다는 이야기입니다.

- 大山 -

122. 호승자 필우적패
好承者 必遇敵敗

"이기기를 좋아하는 자 반드시 적을 만나 패한다"

—

중국 춘추전국시대 "관은 무림에 관여 않는다."는 말이 있습니다. 이 말은 무인을 양성하기 위해 국가가 그들을 방치했다는 얘기입니다. 검을 찬 사람들끼리 시시비비, 사활분쟁에 국가는 개의치 않습니다. 그러나 검을 찬 사람이 검이 없는 사람에게 위해를 가하면 사형에 처합니다.

서부에서도 총을 찬 사람들끼리 총 싸움은 정당방위입니다. 자신들이 미대륙 강탈과 원주민(인디안)을 억압하기 위해 개척시대부터 총기 소지 사용이 합법화되었기 때문입니다.

검의 일인자가 결국 검에 맞아죽고 서부 속사 건맨이 총에 맞아 죽습니다. 저잣거리에서 무림의 고수는 티를 내지 않고 다니며 참된 무인은 사람을 해하지 않습니다.

오직, "仁者無敵"의 道를 향합니다.
육체가 건강해야 건강한 생각을 가질 수 있습니다.
만고의 진리입니다.

무덕 수련관은 武를 德으로 다스려 仁者를 양성하는
신성한 곳입니다.

"뛰는 자 위에 나는 자 있다"란 말이 있습니다.
세상은 언제나 나보다 한 수 위 고수를 만나
패하게 된다는 말입니다.
자만심을 버리고
겸손을 잊어서는 안된다는 경구입니다.

- 大山 -

123. 태산불양토양고기대
泰山不讓土壤故其大

— 태산불양토양고기대 (泰山不讓土壤故其大)
태산은 한줌의 흙도 사양하지 않으므로 그렇게 높을 수 있었고

하해불택세류고기심 (河海不擇細流故其深)
황하와 바다는 도랑물도 내치지 않으므로 그 깊은 물이 될 수 있지 않는가.

사마천의 사기(史記)에 간축객서(諫逐客書) 중 이사(李斯)의 상소문의 일부로서 진시황을 설득시킨 상소문입니다.

태산불사토양 (泰山不辭土壤)
태산은 돌, 흙덩이, 나무 등을 사양하지 않는 까닭에 그 거대함을 이룰 수 있었고

하해불사세류 (河海不辭細流)
하해는 가는 물줄기, 맑은 물, 혼탁한 물을 사양하지 않는 까닭에 그 깊고 넓음을 이룰 수 있었습니다.

그러므로 바다와 산과 같이 넓은 아량과 포용력을 가지고 세상 모든 사람을 대하라는 말입니다.

군자염세인 (君者厭細人)

군자는 사람을 미워하지 않아 그 많은 무리를 이끌 수 있습니다.

- 大山 -

124. 천망회회 소이불루실
天網恢恢 疎而不漏失

"하늘의 그물이 넓고 엉성해 보여도 악인에겐 반드시 벌을 주며 아무것도 새어나갈 공간이 없다"라는 말입니다.

- 명심보감 - < 天命篇 >

아무도 없는 곳에서 선행을 하고 아무도 보지 않는 곳에서 악행을 하였어도 제각각 숙명이 있으며 하늘은 그 업보를 이미 다 알고 정리하며 그 공적과 죄를 누가 대신하여 받을 수 없다는 뜻이 됩니다.

누가 보든 안 보든 하늘에 덕을 쌓으라는 얘기입니다. 숨은 일도 보시는 하나님을 섬겨야 합니다. 하늘이 무서운 줄 알아야 합니다. 지금 당장 벌을 안 받는 거 같지만 자기 죄를 반성하지 않으면 그 벌에 대한 업보는 눈덩이처럼 불어 올라 감당하지 못할 정도로 커질 겁니다.

하늘의 그물은 모기 한 마리도 빠져나가기 힘들 정도로 촘촘합니다. 보는 사람 없다고 뺑소니치지 마십시오. 보는 사람 없다고 신호 어기지 마십시오.

- 大山 -

125. 시오설 상재부
視吾舌 尚在不

"내 혀를 보시오. 아직 있소?"

사마천이 쓴 '사기(史記)'의 장의열전에 나오는 말입니다. 혀, 곧 말의 중요성을 상징적으로 보여주고 있습니다. 뛰어난 변론술로 천하를 주름잡고 돌아다니던 장의(張儀)는 소진(蘇秦)과 함께 귀곡선생(鬼谷先生)의 제자였습니다. 동문수학한 소진이 유명해질 때까지도 장의는 뜻을 펴지 못하고 초나라 재상인 소양의 집에서 식객 노릇을 하며 지내고 있었습니다. 그때 소양은 위나라와 싸워 대승한 공로로 왕으로부터 귀중한 화씨벽을 하사 받았습니다.

어느 날 소양이 적산 밑의 누대에서 연회를 베풀었습니다. 그런데 구슬이 온데간데없이 사라지고 말았습니다. 결국 가장 옷이 허름한 장의가 누명을 쓰고 매를 맞게 됐습니다. 아내가 눈물을 흘리며 말했습니다. "당신이 글을 읽고 말을 할 줄 모른다면 이런 수모를 당하기야 했겠소?" 그러자 장의가 말했습니다.
"내 혀를 보시오. 아직 있소?"
아내가 어이없어하며 "혀야 있지요." 하니 장의는
"그럼 됐소." 말했다는 것입니다.

그 후 장의는 진나라의 재상이 되어 그 혀로 연횡책(連衡策)을 설파, 소진이 이룩한 합종책(合縱策)을 깨는데 성공했습니다. 이처럼 말은 '출세'의 수단이지만, 말을 잘못함으로써 남의 명예를 훼손하고 자신도 패가망신 당하는 원인으로 작용합니다. 그래서 옛사람들은 "화는 입에서 나오니 병처럼 입을 다물라 (禍生於口 守口如瓶)"고 가르치고 있습니다. 불교에서 '열가지 악(十惡)'으로 "탐욕, 성냄, 어리석음, 속임, 오만, 의심, 망령된 말, 험담, 이간질, 꾸며대는 말(貪 瞋 痴 僞 慢 疑 妄言 惡口 兩舌 綺語)"을 꼽고 있는데 이 중 네 가지가 말과 관련 있음은 시사하는 바 큽니다. 말이 고통의 원인이 될 수 있으므로 말조심하라는 가르침입니다.

명문가, 지식인, 선진문화인, 품격 높은 사람 등 도덕 군자는 말을 쉬이 하지 않습니다.

세치 혀가 칼날보다 무섭습니다.
노년 품격을 저해하는 '막말문화' 퇴출의 계기가 되길 기대합니다.

- 大山 -

126. 우환은 탐욕에서 생긴다

貪欲生憂 (탐욕생우) 탐욕으로부터 걱정이 생기고
貪欲生畏 (탐욕생외) 탐욕으로부터 두려움이 생긴다.
無所貪欲 (무소탐욕) 탐욕없는 곳에 걱정이 없나니
何憂何畏 (하우하외) 또 어디서 두려움이 있겠는가?
※ 탐욕(貪慾)은 보통 물질, 금전 등에 대한 욕심, 탐욕 (貪欲)은 성애(性愛)에 대한 욕심.
※ 자부(自負), 질투(嫉妬), 탐욕(貪欲)은 사람의 마음 에 불을 놓는 세 개의 불꽃입니다.

나물 먹고 식은 밥을 물에 말아 먹고 초가산간에 살아도 신간이 편해야 합니다. 탐욕의 근성을 잘 잠재워 '무 욕순락승' 욕심을 버려야 인생 승리할 수 있다는 깨우 침입니다. 탐욕은 재앙을 초래하는 근원입니다.

- 大山 -

127. 곡측전 曲則全

노자의 도덕경에 나오는 글귀입니다.
굽어서(曲) 온전할(全) 수 있다는 뜻입니다.

지상의 모든 길이나 강(江)이나 나무도 적당히 휘어져
있어 자신의 임무를 다할 수 있고 지하의 온갖 나무뿌
리도 알맞게 굽어서 척박한 땅 속에서도 자신의 생명을
보존하고 성장할 수 있는 것입니다.

길이나 강이 휘어져 흐를지라도 크게 보면 방향은 일정
하다는 점입니다. 길이나 강이 방향을 잃어버리면 그것
은 더 이상 길도 아니고 강도 아닙니다.

지향할 곳이 없으면 길이 아니고
도달할 곳이 없으면 강이 아니기 때문입니다.

'曲則全'은 인생길입니다.
인생길은 굽이굽이 휘돌아 마침내 어느 한 곳에 도달
하는 길이요 흐름입니다.

인생을 살다보면 곧은 데도 있고 굽은 데도 있듯 우리가 선택하지 않은 난관도 있고 선택한 시행착오도 있습니다.

쉽고 편할 때도 있고 힘겹고 어려울 때도 있고 기쁠 때도 있는가 하면 슬플 때도 있습니다. 하지만, 선택했든 아니든 모든 길은 저마다 '자기 앞의 생'을 살아가는 과정이기에 피할 수 없고 피할 필요도 없습니다.

중요한 것은 자신이 가야 할 목표와 방향을 절대로 잃어버리지 않는 것입니다.

비바람 없이 사는 사람은 없습니다.

- 大山 -

128. 계영배 戒盈杯

술이 일정한 한도에 차오르면 새어나가도록 만든 잔. 과음을 경계하기 위해 만든 잔으로, 절주배(節酒杯)라고도 합니다. 술잔의 이름은 '넘침을 경계하는 잔'이라는 뜻이며, 잔의 70% 이상 술을 채우면 모두 밑으로 흘러내려 인간의 끝없는 욕심을 경계해야 한다는 상징적인 의미도 지닙니다.

고대 중국에서 과욕을 경계하기 위해 하늘에 정성을 드리며 비밀리에 만들어졌던 '의기'(儀器)에서 유래되었다고 합니다.

자료에 의하면 공자(孔子)가 제(齊)나라 환공(桓公)의 사당을 찾았을 때 생전의 환공이 늘 곁에 두고 보면서 스스로의 과욕을 경계하기 위해 사용했던 '의기'를 보았다고 합니다.

이 의기에는 밑에 구멍이 분명히 뚫려 있는데도 물이나 술을 어느 정도 부어도 전혀 새지 않다가 7할 이상 채우게 되면 밑구멍으로 새어나가게 되어 있었다고 합니다.

환공은 이를 늘 곁에 두고 보는 그릇이라 하여 '유좌지기'(宥坐之器)라 불렀고, 공자도 이를 본받아 항상 곁에 두고 스스로를 가다듬으며 과욕과 지나침을 경계했다고 합니다.

- 大山 -

129. 증이지기선
憎而知其善

주변에 미워하는 사람이 없다면 가장 좋은 일이지만, 살아가다 보면 어쩔 수 없이 미워하는 사람도 생기게 마련입니다. 미워하는 사람, 심지어 증오하는 사람이 생기면 그것은 나에게 불행한 일입니다. 나의 마음이 증오로 가득 차면 나의 삶이 먼저 상처를 받기 때문입니다.

행복하기에도 부족한 나의 삶이 타인을 증오하는 시간으로 이어지면, 내가 사물을 바라보는 시각이 비뚤어지며, 다른 많은 사람에게도 애정을 주지 못하게 됩니다. 이러한 시간이 길어지면 마침내 나 자신을 미워하게 되며, 궁극적으로는 자기 자신을 부정하게 됩니다. 이는 불행한 삶입니다.

그러므로 미워하는 사람이 생기면 그를 이해하고 용서하며, 그를 나의 사람으로 만들어 가는 것이 중요합니다. 그러나 이것이 쉬운 일은 아닙니다. 이런 경우에는 어찌 해야 할까요?

'憎而知其善'은 '미워하면서도 그 사람의 좋은 점을 알아야 한다'는 말이 됩니다. 미워하는 사람이 생기면 항상 그의 좋은 점을 생각해 두는 것이 중요합니다.

그게 그 사람을 이해하고 용서하는 첫걸음입니다.
세상에 나쁘기만 한 사람은 없습니다.

아무리 나쁜 사람 같아도 그의 부모에게는 우주에서 가장 소중한 존재이고, 그의 자식에게는 없어서는 안 될 존재입니다. 그러므로 우리에게는 어쩌면 다른 사람을 근본적으로 미워할 권리가 없는지도 모릅니다.

- 大山 -

130. 불경일사 불장일지
不徑一事 不長一智

한 가지 일도 겪지 않은 사람이면
한가지 지혜도 성장하지 않는다.

\- 명심보감 -

興一利不 若除一害
흥일이불 약제일해

한 가지 이득을
일으키는 것보다
한 가지 해로움을
없애는 것이 좋습니다.

\- 大山 -

131. 강설 江雪

千山鳥飛絶　萬徑人蹤滅
孤舟簑笠翁　獨釣寒江雪

천산조비절　만경인종멸
고주사립옹　독조한강설

모든 산에는 새들 날지 않고
오만 길에는 사람 발자취 없는데,
도롱이와 삿갓에 조각배 타고
눈발이 휘날리는 차디찬 강물에서
홀로 낚싯대 드리운 처량하고 적막한
노년의 신세를 한탄함이라...

노년에 필요한 것은 돈과 권력이 아니라
건강, 지식, 사랑, 배려 여정을 함께 할 친구,
사람입니다.

– 大山 –

132. 히포크라테스

보통 "의학의 아버지" 혹은 의성(醫聖)이라고 불리는 그리스의 의사입니다. 히포크라테스 선서는 히포크라테스가 말한 의료의 윤리적 지침으로 의사가 될 때 선서를 합니다.

다음은 히포크라테스 선서의 내용입니다.

히포크라테스 선서

"이제 의업에 종사할 허락을 받으매 나의 생애를 인류 봉사에 바칠 것을 엄숙히 서약하노라"

· 나의 은사에 대하여 존경과 감사를 드리겠노라.
· 나의 양심과 위엄으로서 의술을 베풀겠노라.
· 나의 환자의 건강과 생명을 첫째로 생각하겠노라.
· 나는 환자가 알려준 모든 내정의 비밀을 지키겠노라.
· 나의 위업의 고귀한 전통과 명예를 유지하겠노라.
· 나는 동업자를 형제처럼 생각하겠노라.

· 나는 인종, 종교, 국적, 정당정파, 또는 사회적 지위 여하를 초월하여 오직 환자에게 대한 나의 의무를 지키겠노라.
· 나는 인간의 생명을 수태된 때로부터 지상의 것으로 존중히 여기겠노라.
· 비록 위협을 당할지라도 나의 지식을 인도에 어긋나게 쓰지 않겠노라.

이상의 서약을 나의 자유 의사로 나의 명예를 받들어 하노라.

*살아서 들어갔는데 느닷없이 영안실에서 나오는 비극적인 현실을 간파하여 병원들의 경제 창출 재물로 목숨을 잃는 일은 있어서는 안되겠습니다!!!
- 大山 -

133.
작사도방삼년불성
作舍道傍三年不成

길가에서 집을 짓는데 지나가는 사람들에 어떻게 지으면 좋겠냐고 물어보니 제각기 다른 의견을 내놓은 바람에 삼 년이 지나도 집을 짓지 못했다는 뜻.
의견이 분분하여 결정을 제대로 짓지 못함.

– 後漢書 (후한서) –

부엌에 가면 며느리 말이 맞고, 안방에 가면 시어머니 말이 맞고, 이 사람 말 들으면 이 사람 말이 맞고, 저 사람 말도 맞고, 한 가지 주제를 놓고 백일장을 나가면 100사람 모두가 다른 시각입니다.

현대는 정보시대입니다. 그만큼 거짓 정보 가짜 정보도 많습니다. 객관적, 과학적, 상식적인지 사리분별을 명확히 하여 큰 오류를 범하지 말아야 합니다. 또한, 무슨 일이든 자신의 주관과 정체성을 가지라는 교훈입니다.

– 大山 –

134. 거립지교 車笠之交

신분의 귀천을 뛰어넘는 우정

친구 사이의 아름다운 우정을 기리는 고사는 쌔고 쌨습니다. 혈연이 아니면서 혈연 이상으로 서로 돕고, 친구의 위험을 자기가 떠안는 미담도 많습니다. 그러나 이번에 소개할 것은 약간 생소하여 평시엔 잘 사용하지 않는 우정에 관한 성어를 한 번 모아 보고자 합니다.

淸(청)나라 金纓(금영)이 편찬한 격언집 格言聯璧(격언연벽)의 구절에는 이런 것이 있습니다.

博奕之交不終日 飮食之交不終月
勢利之交不終年 道義之交可終身
박혁지교부종일 음식지교부종월
세리지교부종년 도의지교가종신

노름과 오락으로 사귄 친구는 하루를 넘기지 못하고, 술과 음식으로 사귄 친구는 한 달을 넘기지 못한다. 세력과 이익으로 사귄 친구는 한 해를 넘기지 못하며, 오직 정의로 사귄 친구만이 영원히 이어집니다.

연벽이란 쌍벽과 같은 뜻으로 격언을 쌍벽처럼 묶어 놓은 책이란 뜻입니다. 孔子(공자)님은 정직한 사람, 성실한 사람, 견문이 많은 사람과 사귀라고 益者三友(익자삼우)를 내세웠습니다. 明(명)나라 蘇竣(소준)은 雞鳴偶記(계명우기)란 책에서 친구를 네 종류로 나누었습니다.

첫째는 畏友(외우)로 서로 잘못을 바로 잡아주고 도를 위해 노력하는 친구 사이, 둘째 密友(밀우)는 좋은 일이 있을 때나 서로 돕고 생사를 같이 하는 사이, 셋째 昵友(닐우)는 좋은 일이 있을 때나 놀 때만 잘 어울리는 사이, 마지막으로 賊友(적우)는 이익을 보면 서로 싸우고 근심거리가 있으면 미루는 사이를 말했습니다. 닐(昵)은 친할 닐. 이익을 두고 서로 싸우는 사이를 친구로 포함시킨 것이 의외입니다.

신분이나 생활수준이 차이나는 것을 뛰어넘은 친구는 더 아름답습니다. 伯牙絶絃(백아절현)은 고관과 나무꾼, 水魚之交(수어지교)는 군신관계였습니다. 한 사람은 수레를 타고, 다른 사람은 패랭이를 쓰고(車笠) 다닐 정도로 차이가 나는 두 친구의 사귐(之交)을 말하는 이 성어도 신분의 귀천을 뛰어 넘습니다.

宋(송)나라 太宗(태종)의 명으로 李昉(이방, 昉은 밝을 방)이 엮은 '太平御覽(태평어람)'에 인용되어 전합니다.

越(월)나라 풍속에 우정을 맺을 때의 예를 소개하고 그 때 축원하는 말에 나옵니다.

卿雖乘車我戴笠
後日相逢下車揖
경수승거아대립
후일상봉하차읍

그대는
수레를 타고
나는
삿갓을 쓰고

다른 날 만나면
수레에서 내려
서로 읍하세

- 大山 -

255

135. 수세 守歲

섣달 그믐을 쇠며 - **李世民** (이세민) -

暮景斜芳殿 모경사방전
석양이 꽃 핀듯 궁전에 비끼고
年華麗綺宮 년화려기궁
세월이 아롱진 궁전에 걸려 있네

寒辭去冬雪 한사거동설
겨울 눈 덮였지만 추위는 가시고
暖帶入春風 난대입춘풍
봄바람 속에 따스함이 스미네

階馥舒梅素 계복서매소
섬돌에 매화 향기 감돌고
盤花卷燭紅 반화권촉홍
소반에 담긴 꽃 촛불 받아 붉어지네

共歡新古歲 공환신고세
모두들 가는 해와 오는 해를 즐기니
迎送一宵中 영송일소중
맞이하고 보내는 것이 이 한 밤에 이루어지네

가는 세월, 오는 세월에 남다른 감회를 담고 있는 이 시는 당(唐)나라 제2대 황제인 태종(太宗) 이세민(李世民 598 -626)이 지은 시입니다. 이세민은 고조(高祖) 이연(李淵)의 둘째 아들로, 부친을 도와 천하통일을 하고, 황제가 된 뒤에는 내치(內治)에 힘써, 이른바 '정관의 치(貞觀之治)'를 이룩해서 당(唐) 황조 300년의 기초를 닦아 청나라의 강희제와 더불어 중국이 꼽는 역대 황제 중 최고의 성군으로 불리는 인물입니다. 재위 중 당의 영토를 배로 넓히는 등 한족 국가로써는 최고의 전성기를 구가한 세기의 풍운아 이세민이 말년을 보내며, 가는 해와 오는 해의 교차점인 섣달그믐에 세월의 무상함을 깨닫고 얼마 남았을지 모르는 자신의 인생을 반추해보고 있습니다. 걸출한 장군이자 전략가이며 정치가인 이세민은 황제가 되기 위해 형과 아우를 제거하는 혈육상쟁 끝에 황위에 올라 눈부신 치적을 쌓았지만, 그의 나이 52세에 세상을 떴습니다. 그의 업보인지, 만년에는 나이 어린 무미랑을 후실로 맞아들임으로써 이씨 가문과 조정에 피바람을 몰고 오고, 훗날 '천고(千古)의 인인(忍人 : 잔인한 사람)'이라는 악명(惡名)을 얻게 되는, 중국 역사상 최초이자 유일무이한 여황제인 측천무후(則天武后)를 잉태시키게 됩니다 .

이렇듯 인생은 한바탕의 짧은 꿈입니다. 들에 핀 꽃처럼 한번 피었다 이내 사라져버리는 것이 인생입니다. 아무리 화려하다 해도 지난 세월은 덧없고 허망하기만 합니다.

인생초로 이슬 한 점 사라진다는 것...

- 大山 -

136.

天若改常 不風卽雨
人若改常 不病卽死

천약개상 불풍즉우
인약개상 불병즉사

하늘이 만약 상도를 어기면 바람 아니면 비가 오고,
사람이 만약 상식을 벗어나면 병이 아니면 죽느니라

하늘이나 사람이나 상식을 벗어나면 "바람이 없어도 비가 오고 병이 없어도 죽음을 맞게 된다는 얘기입니다."

하늘의 도와 사람의 도를 벗어나는 것을 경계하여 상도(常道)를 지키라는 말입니다. 천지인삼재가 각각 그 바탕이 되는 도가 있으니 이 상도에서 벗어나면 재앙이 따르기 마련입니다. 바람도 불고 비도 와야 하지만 이 상태가 계속 된다면 자연은 질서를 잃게 되는 것처럼, 사람에 있어서도 병도 걸리고 죽음도 찾아오지만 때를 벗어나 찾아오면 인생을 잘 마무리하기 어렵습니다.

이처럼 사람도 상도를 벗어나지 않고 잘 지켜 인간완성의 길을 찾는 것이 사람의 본분입니다.

– 大山 –

137. 일월무사조
日月無私照

해와 달은 모든 사물을 공평하게 비춘다.
- 禮記 (예기) -

해와 달은 사사로이 비치지 아니합니다.
즉, 다시 말해 세상 어느 누구에게도
1년 365일이나 하루 24시간을
똑같이 정확하게 준다는 얘기입니다.

三無私 (삼무사)
사사로움이 없는 3가지가 있습니다.

천무사복 天無私覆
하늘은 사사로운 덮음이 없고,

지무사재 地無私載
땅은 사사로운 싫음이 없으며,

일월무사조 日月無私照
해와 달은 사사로운 비침이 없습니다.

- 大山 -

138. 대추한알

장석주

— 저게 저절로
붉어질 리는 없다.
저 안에 태풍 몇 개
저 안에 천둥 몇 개
저 안에 벼락 몇 개
저 안에 번개 몇 개가 들어 있어서
붉게 익히는 것일 게다.

저게 혼자서
둥글어질 리는 없다.
저 안에 무서리 내리는 몇 밤
저 안에 땡볕 두어 달
저 안에 초승달 몇 날이 들어서서
둥글게 만드는 것일 게다.

대추야
너는 세상과
통하였구나.

대추 한 알을 보고 저런 감성을 노래한다는게 대단해 보입니다. 대추 한 알에 우주의 모든 기운을 담았습니다.

태풍, 천둥, 벼락, 번개도 그 조그맣고 동그란 알에 다 담았습니다. 시 한수, 노래 한 편에서도 세상을 달리 보는 깨달음을 얻습니다.

제 호가 대산입니다. 큰 산이라는 뜻인데 이 노랫말을 음미하다보니 대추보다 작아 보입니다.

- 大山 -

139. 당나라 이태백의 詩에는

조여청사모성설 (朝如靑丝暮成雪)

"아침에 푸른 실같이 윤기가 나돌던 머리털이 저녁에는 흰 눈발처럼 나부낀다"는 것을 비유합니다.

瞬息萬變(순식만변) 瞬息間 (순식간)
"눈을 깜박이고 숨을 한번 쉬는 사이
만 가지가 변한다" 는 말이 됩니다.

세상에는 이렇게 빨리 변하는 것이 있습니다.

사람의 마음도 그렇습니다. 한번 서운하면 그동안에 은혜를 잊기도 하고 평생의 서운함이 따스한 한마디 말로 잊혀지기도 합니다. 그러나 세상에서 빨리 변하는 것중 하나는 무심한 세월입니다. 겨울인가 쉽더니 벌써 봄이고 가을인가 쉽더니 겨울이고 비로소 뭔가 알 것 같은데 이미 백발이 무성합니다.

- 大山 -

140. 하룻밤을 자도 만리장성을 쌓는다

중국의 진시황이 만리장성을 쌓을 계획을 세우고 기술자와 인부들을 모아 대역사를 시작했을 때입니다. 어느 젊은 남녀가 결혼하여 신혼생활 한 달여 만에 남편이 만리장성을 쌓는 부역장에 징용을 당하고 말았습니다. 일단 징용이 되면 그 일이 언제 끝날지도 모르는 상황에서 죽은 목숨이나 다를 바 없었습니다. 안부 정도는 인편을 통해서 알 수 있었지만 부역장에 한번 들어가면 공사가 끝나기 전에는 나올 수 없기 때문에 그 신혼부부는 생이별을 하게 되었으며 아름다운 부인은 아직 아이도 없는 터라 혼자서 살고 있었습니다.

남편을 부역장에 보낸 여인이 외롭게 살아가고 있는 외딴 집에 지나가던 나그네가 찾아 들었습니다. "길은 먼데 날은 이미 저물었고 이 근처에 인가라고는 이 집밖에 없습니다. 헛간이라도 좋으니 하룻밤만 묵어가게 해주십시오"하고 정중하게 부탁을 하는지라 여인네가 혼자 살기 때문에 과객을 받을 수가 없다고 거절할 수가 없었습니다. 저녁식사를 마친 후, 바느질을 하고 있는 여인에게 사내가 말을 걸었습니다.

"보아하니 이 외딴 집에 혼자 살고 있는 듯 한데 사연이 있나요?" 여인은 숨길 것도 없고 해서 남편이 부역을 가게 된 그 동안의 사정을 말해 주었습니다. 밤이 깊어 가자 사내는 노골적인 수작을 걸었고, 쉽사리 허락하지 않는 여인과 실랑이가 벌어졌습니다.

"이렇게 살다가 죽는다면 너무 허무하지 않소? 그대가 돌아올 수도 없는 남편을 생각해서 정조를 지킨들 무슨 소용이 있습니까? 아직 우리는 젊지 않습니까? 내가 당신의 평생을 책임질테니 나와 함께 멀리 도망가서 행복하게 삽시다."

사내는 저돌적으로 달려들었고, 깊은 야밤에 인적도 없는 외딴 집에서 여인 혼자서 절개를 지키겠다고 저항한다고 해도 소용없는 일입니다. 여인은 일단 사내의 뜻을 받아 들여 몸을 허락하겠다고 말한 뒤, 한 가지 부탁을 들어 달라고 조건을 걸었습니다. 귀가 번쩍 뜨인 사내는 어떤 부탁이라도 다 들어줄테니 말해보라고 했죠. "남편에게는 결혼식을 올리고 잠시라도 함께 산 부부간의 의리가 있으니 부역장에 가서 언제 올지 모르는 어려움에 처했다고 해서 그냥 당신을 따라 나설 수는 없는 일 아닙니까? 그러니 제가 새로 지은 남편의 옷을 한벌 싸 드릴테니 날이 밝는 대로 제 남편을 찾아가서 갈아입을 수 있도록 전해주시고 증표로 글 한 장만 받아 오십시오. 어차피 살아서 만나기 힘든 남편에게 수의를 마련해 주는 기분으로 옷이라도 한 벌 지어 입히고 나면 당신을 따라 나선다고 해도 마음이 좀 홀가분해질 것 같습니다. 당신이 제 심부름을 마치고 돌아오시면 저는 평생을 당신을 의지하고 살 것입니다. 그 약속을 먼저 해주신다면 제 몸을 허락하겠습니다."

듣고 보니 그리 어려운 일도 아닙니다. 그렇게 하겠다고 하고 '이게 웬 떡이냐' 하는 심정으로 덤벼들었습니다. 그는 자신의 모든 것을 동원해서 욕정을 채운 뒤 골아 떨어졌습니다. 사내는 아침이 되어 흔드는 기척에 잠에서 깨었습니다. 젊고 예쁜 여자의 고운 얼굴이 아침 햇살을 받아 빛나니 잠결에 보아도 양귀비와 같았습니다. 저런 미인과 평생을 같이 살수 있다는 황홀감에 빠져서 간밤의 피로도 잊고 벌떡 일어나서 어제의 약속을 이행하기 위하여 길 떠날 차비를 합니다. 여인은 사내가 보는 앞에서 장롱 속의 새 옷 한 벌을 꺼내 보자기에 싸더니 개나리 봇짐에 넣었습니다. 잠시라도 떨어지기 싫었지만 하루라도 빨리 심부름을 마치고 와서 평생을 해로 해야겠다는 마음으로 부지런히 걸었습니다. 드디어 부역장에 도착했습 니다.

감독하는 관리에게 면회를 신청했습니다. 옷을 갈아 입히고 글 한장을 받아가야 한다는 사정 이야기를 했더니 옷을 갈아 입히려면 공사장 밖으로 나와야 하는데 한 사람이 작업장을 나오면 그를 대신해서 다른 사람이 들어가 있어야 한다는 규정 때문에 옷을 갈아입을 동안 잠시 교대를 해 줘야 한다는 말을 합니다. 여인의 남편을 만난 사내는 관리가 시킨대로 말하고 그에게 옷 보따리를 건네주었습니다. "옷 갈아입고 편지 한장 써서 빨리 돌아 오시오." 말을 마친 사내는 별 생각없이 작업장으로 들어 갔습니다. 남편이 옷을 갈아입으려고 보자기를 펼치자 옷 속에서 편지가 떨어졌습니다.
"당신의 아내 해옥입니다. 당신을 공사장 밖으로 끌어 내기 위해 이 옷을 전한 남자와 하룻밤을 지냈습니다. 이런 연유로 외간 남자와 하룻밤 같이 자게 된 것을 두고 평생 허물하지 않겠다는 각오가 서시면 이 옷을 갈아입는 즉시 제가 있는 집으로 돌아오시고, 혹시라도 그럴 마음이 없거나 허물을 탓하려거든 그 남자와 다시 교대해서 공사장 안으로 도로 들어가십시오."

자신을 부역에서 빼내주기 위해서 아내는 다른 남자와 하룻밤을 지낸 것입니다. 그 일을 용서하고 아내와 오순도순 사는 것이 낫지, 어느 바보가 평생 못 나올지도 모르는 만리장성 공사장에 다시 들어가서 교대를 해주겠습니까? 남편은 옷을 갈아입고 그길로 아내에게 달려와서 아들 딸 낳고 행복하게 살았습니다. 그런데 그 만리장성 공사 현장에는 언젠가부터 실성한 사람이 보였다고 합니다. 혼자서 뭐라고 중얼거리면서 그 큰돌을 옮기고는 했는데 옆에서 들어본 사람 귀에는 이렇게 들렸다고 합니다.

"하룻밤 밖에 못 잤는데 만리장성을 쌓는구나~"

남의 것을 넘보고 탐하다가 일생을 망치는 나그네의 어리석음을 봅니다. 여러분들은 남편을 구하기 위해 기지를 발휘하는 여인의 지혜와 사랑처럼 서로 사랑하며 남의 것을 탐하지 않는 삶으로 사랑의 만리장성을 쌓기를 바랍니다.

- 大山 -

141. 화구최난 畵狗最難

"개를 그리기가 가장 난해하고 어렵다"

그림을 잘 그리는 친구에게 글을 잘 쓰는 친구가 물었습니다. "어이 친구 자네는 그림을 그리면서 무슨 그림이 그리기가 쉽던가?" 하고 물으니 대답하기를

"나는 평생 그림을 그려 보지만 귀신이나 용을 그리기가 쉽다네" 하고 얘기합니다.

"왜, 쉬운가?" 되물었습니다.

"귀신이나 용은 나도 본 적이 없네만 다른 사람들도 본적이 없거든. 그러니 아무렇게나 그려도 이의나 따지는 사람이 없다네."

"아니 그러면 어떤 그림이 그리기가 어렵던가?" 되물으니

"개를 그리기가 참으로 난해하고 어렵다네.."

"아니? 개는 호랑이나 용보다 단조롭고 쉬울 텐데 왜 어려운가?" 하고 물으니

"개를 모르는 사람은 아무도 없네. 조금만 잘못 그려도 무슨 개가 저렇게 생긴 개가 어디 있냐며 야단이고 따진 다네..." 하니 이 말을 들은 친구는

"아하~~!! 바로 '화구최난'이로구나"

하여 본건 성문이 생겼습니다.

이 말은 다시 말해 '쉬운 일을 실행하지 않거나 이해하려고 하지 않는 경우'를 비유한 말입니다.

자식에게 부모가 너를 사랑한다 말해도 자식은 이해 안 가며 가난한 사람에게 열심히 일하면 작은 부자(小富)가 될 수 있다고 말해도 가난한 사람은 믿지 않고 노력하지 않으며 정의는 반드시 승리한다 말해도 실행하지 않는 경우를 말하고 있습니다.

"댓글이나 코멘트 다는 일도 쉬우나
실행하기 어렵단 말이 됩니다."

돌산에서 – 大山 –

142. 삼촌지설 망우검
三寸之舌 芒于劍

세 치의 혀가 칼보다 날카롭습니다. 말이 칼보다도 더 무섭다는 뜻. 여기서 芒은 끝이 날카로운 것을 뜻합니다. 칼끝으로 베인 상처는 아물수 있지만 세치 혀로 베인 상처는 쉬이 아물어지지 않습니다.

"세 치 혀가 사람을 살리기도 죽이기도 한다"
- 법정스님 -

사람은 세상을 살아가면서 유일하게 언어소통의 특전을 가졌습니다. 그러나 간사한 이의 말과 음해와 거짓 정보로 불우한 재앙과 치명적인 결과를 초래합니다. 한쪽 말만 듣고 쉬이 속단과 언행을 삼가해야 하며 반드시 양쪽 말을 듣고 과학적이고 객관적인 자료와 진실을 얻는 것이 마지막 거짓 멍에와 함정에서 벗어나는 길이며 불명예에서 회복되는 일입니다. 규명이 안된 한 사람 말만 듣고 섣불리 결행한다면 참으로 어리석고 자신에게 크나큰 불행이 닥칠 수도 있을 겁니다. 주변에 간성을 가진 자를 가까이 해서는 크나큰 피해를 볼 수 있으니 절대적으로 멀리해야 합니다. 다 아는 사실이지만 말은 한번 입 밖으로 내뱉으면 다시 주워 담을 수 없습니다.

우리는 욱하는 성질에 앞뒤 가리지 않고 할 말 못할 말을 마구 쏟아 내고 금새 후회하는 일들이 벌어지는 것을 주변에서 자주 목격합니다. 나도 이런 일에서 완전히 자유롭다고 할 수는 없을 것 같습니다. 그런 의미에서 항상 언행을 조심하라는 법정스님의 가르침을 소개해 봅니다.

"세 치 혀가 사람을 살리기도 죽이기도 한다"

내가 두 귀로 들은 이야기라 해서 다 말할 것이 못 되고 내가 두 눈으로 본 일이라 해서 다 말할 것 또한 못 됩니다. 들은 것을 들었다고 다 말해버리고 본 것을 다 보았다고 말해버리면 자신을 거칠게 만들고, 나아가서는 궁지에 빠지게 합니다.

현명한 사람은 남의 욕설이나 비평에 귀를 기울이지 않으며 또 남의 단점을 보려고도 않으며 남의 잘못을 말하지도 않습니다. 모든 화는 입으로부터 나옵니다. 그래서 입을 잘 지키라고 했습니다.

맹렬한 불길이 집을 다 태워 버리듯이 입을 조심하지 않으면 입이 불길이 되어 내 몸을 태우고 맙니다. 입은 몸을 치는 도끼요 몸을 찌르는 칼날입니다. 내 마음을 잘 다스려 마음의 문(門)인 입을 잘 다스려야 합니다. 입을 잘다스림으로써 자연히 마음이 다스려집니다. 앵무새가 아무리 말을 잘 한다 하더라도 자기 소리는 한마디도 할 줄 모릅니다.

사람이 아무리 훌륭한 말을 잘 한다 하더라도 사람으로서 갖추어야 할 예의를 못 했다면 앵무새와 그 무엇이 다르리요. 세치 혓바닥이 여섯 자의 몸을 살리기도 하고 죽이기도 합니다.

- 大山 -

143. 서불진언 書不盡言

書不盡言 (서불진언)
글은 말을 다하지 못하고,

言不盡意 (언불진의)
말은 뜻을 다하지 못한다.

學而不思則罔 (학이불사즉망)
배우기만 하고 스스로 사색하지 않으면
학문이 체계가 없고

思而不學則殆.(사이북학즉태)
사색만 하고 배우지 않으면
오류나 독단에 빠질 위험이 있다.

상기 성문들은 매사에 사리분별을 명확히 할 줄 알아야
고귀한 삶을 살수 있다는 말입니다.

행정, 서류 누락, 실수, 문자 오타, 가짜 정보, 가짜 뉴스
등은 우리 주변에 번번이 일어나는 일상적 일들입니다.

이때 분별 할 수 있는 판단력과 사고력으로 오류를 범하는 어리석음을 방지해야 합니다.

동물은 지각, 사고력, 언어소통, 분별력 등이 결여되어 있습니다. 이게 결여된 사람을 우리는 사람이라고 볼 수 없습니다.

사람다운 사람이 참 그리울 때입니다.
사람다운 사람을 만나고 싶습니다.

- 大山 -

144. 우생마사 牛生馬死

'소는 살고 말은 죽는다'
온 세상이 엄청난 폭우로 물난리가 났습니다. 소, 돼지, 닭, 말, 가축 사람 등 모두가 떠내려가는데 말은 성질이 급한데다 거센 물살을 역류 하려고 발광을 하며 급하게 헤엄치다 결국 익사하고 맙니다.

그러나 소는 조용히 순응하며 자연스럽게 떠밀려 강하류에서 서서히 기어 나와 '소는 살고 말은 죽는다'는 이야기입니다.

다시 말해, 무지함으로 세상 흐름과 진리에 순응하지 않고 역행으로 무모한 언행을 한다면 병 아니면 죽는다는 '우생마사'라는 성문도 같은 이치입니다.

나이 들어가면서 발광은 금물입니다.
노년의 품격으로 우보천리와 같이 여유를 가지고 상식과 예를 갖추고 살아간다면 그 또한 황혼의 멋진 삶이 될 수 있을 겁니다.

돌산에서 - 大山 -

145. 일자금원출제궁
一自寃禽出帝宮

영월에 가면 반 천년이 넘도록 가시지 않는 아픔으로 울
어 예는 청령포가 있습니다. 삼촌인 수양(首陽)에게 임금
자리를 빼앗긴 열세살 어린 단종을 가두었던 물과 산이
앞뒤로 막아선 유배의 땅. 저 촉(蜀)나라 망제(望帝)가
신하의 반역으로 죽어 소쩍새가 되어 쏟아 내는 핏방울이
진달래로 피었다던가. 꽃지는 봄 밤이어서 더욱 마음 붙
일 곳 없는 단종의 이 피울음, 하늘은 듣고 있는지?

단종(1441-1457) : 재위 1452~1455.
*이름 홍위(弘暐), 부는 문종, 모는 현덕왕후 권씨, 비는
정순왕후 송씨. *1452년 5월 문종이 재위 2년 만에 경복
궁 천추전(千秋殿)에서 죽자 그 뒤를 이어 근정전(勤政殿
)에서 즉위하였다. *1453년 10월 숙부인 수양대군이
정권을 쟁탈. 단종의 복위는 동모자인 김질(金礩)의 고발
로 실패. *1457년 6월 노산군(魯山君)으로 강봉되어 강
원도 영월에 유배. *영월 청령포에 유배 중 홍수로 인하
여 관풍헌으로 옮기어 지냈는데, 그때 지은 시임. 관풍헌
을 자규루라고도 부름. *이 해 9월 경상도 순흥에 유배
되었던 노산군의 숙부 금성대군이 다시 복위를 계획하다

가 발각, 다시 노산군에서 서인으로 강봉되었다가 10월
마침내 죽음을 당하였다.

子規詩 (자규시)

一自兔禽出帝宮 (일자금원출제궁)
한 마리 원통한 새 되어 궁궐에서 나오니
孤身隻影碧山中 (고신척영벽산중)
깊은 산중의 짝 잃은 외로운 신세로다.

假眠夜夜眠無假 (가면야야면무가)
밤마다 자려해도 잘 겨를이 없고
窮恨年年恨不窮 (궁한년년한불궁)
해마다 한을 다해도 한은 끝이 없구나.

聲斷曉岑殘月白 (성단효잠잔월백)
자규새 소리 멎은 뫼에 지는 달 밝으니
血流春谷落花紅 (혈류춘곡낙화홍)
피눈물 나는 봄 골짜기에 낙화만 붉구나.

天聾尙未聞哀訴 (천롱상미문애소)
하늘도 귀먹어 듣지 못하는 애끓는 하소연을
胡乃愁人耳獨聰 (하내수인이독청)
어찌 수심 많은 사람의 귀에만 밝게 들리는가.

146. 지지소이불태
知止所以不殆

"위험을 피하려면 멈추는 것을 알아야 한다."
- 노자 (老子) -

무턱대고 진격하는 것이 능사가 아닙니다. 작가 노신의 조조에 대해 '치세의 능신, 난세의 간웅'으로 불리는 사람이라고 평했습니다. 사실 조조는 극히 유능한 인물이었으며 적어도 하나의 영웅이었습니다.

조조가 뛰어난 점은
첫째, 과감한 인재등용을 시도했고,
둘째, 전략전술에 능했으며,
셋째, 결단력이 풍부했습니다.

그리고, 형세가 불리하다고 판단되면 결코 무리를 하지 않고 과감히 철수 작전으로 바꾸었습니다.

조조와 측근 사마중달과의 대화를 보십시오.
사마중달이 한중(漢中)에 쳐들어갔을 때 진언했습니다.

"당장에 진공을 해야 합니다.
이러한 기세로 그대로 나간다면
유비를 멸망시키는 것쯤은 문제가 없습니다."

그러나 조조는 답했습니다.

"사람이란 만족을 다하지 못해 괴로워 한다.
이미 롱우(隴右)를 얻었는데
또 촉(蜀)마저 얻으려고 욕심을 내는가."

기세를 타고 일어나면
멈추기가 매우 어렵습니다.

- 大山 -

147. 표풍부종조
飄風不終朝

—

표풍부종조 취우부종일(飄風不終朝 驟雨不終日)
"사나운 바람은 아침나절을 넘기지 않고,
소낙비는 하루 종일 오지 않는다" - **도덕경** -

회오리 바람, 억센 소낙비, 삼킬듯 쏟아지는 폭우, 거센 폭풍 등도 오전 내내 하루종일 오질 않는다는 말입니다. 사나운 태풍도 며칠 못 가며 최후에는 깃털 하나도 날리지 못합니다. 우리가 심하게 겪었던 코로나19도 언제 그랬냐는 듯이 지나갔습니다. 페스트도 끝이 났고, 메르스도 다 지나갔듯이 말입니다. 힘들 때마다 솔로몬의 명언, '이 또한 지나가리라'를 생각하십시오. 솔로몬은 이 문구를 링반지에 새겨 다윗 왕께 바쳤습니다.

권력도, 재물도, 사랑도, 일체 인생사도 영원한 것은 없습니다. 강한 활로 쏜 화살도 사정권 끝에서는 얇은 천도 뚫지 못합니다. 아무리 큰 힘도 쇠퇴하여 최후를 맞이할 때는 아무 역량도 발휘할 수 없습니다. 형세 변화에 따른 역량의 변화는 부정할 수 없는 만물의 이치입니다.

- 大山 -

148. 춘야연도리원서
春夜宴桃李園序

[봄 밤에 도리원 잔치에 지은 시서문]
李 白(이 백)

夫天地者 (부천지자)는 萬物之逆旅 (만물지역려)요
무릇 천지는 만물의 여관(逆旅)이요
光陰者 (광음자)는 百代之過客 (백대지과객)이라
세월(光音)은 영원한 나그네(過客)로다.

而浮生若夢 (이부생약몽)하니
부평초 같은 인생이 꿈과 같으니
爲歡幾何 (위환기하)오?
기쁨을 즐기는 것이 그 얼마나 되겠는가?

古人秉燭夜遊 (고인병촉야유)
옛사람이 촛불을 잡고 밤에 논 것은
良有以也 (양유이야)
진실로 까닭이 있었음이라

況陽春召我以煙景 (황양춘소아이연경)하고
더구나 화창한 봄날이 아지랑이 낀 경치(煙景)로써 나를
부르고
大塊假我以文章(대괴가아이문장)
대자연(大塊)은 나에게 아름다운 문상을 빌려줌에랴!

會桃李之芳園 (회도리지방원)하여

복사꽃, 오얏꽃 핀 동산에 모여

序天倫之 樂事 (서천륜지락사)

형제들(天倫)끼리 즐거운 일을 차례로 서술하니

群季俊秀 (군계준수)

준수한 여러 아우들은

皆爲惠連 (개위혜련)

모두 사혜련과 같은데

吾人詠歌獨慙康樂 (오인영가독참강락)

내가 읊는 노래만이 강락후에 부끄러울 뿐이네!

幽賞未已 (유상미이)

그윽한 감상(感賞)이 그치지 않음에

高談轉淸 (고담전청)이라

격조 높은 이야기는 더욱(轉) 맑아지네!

開瓊筵以坐花 (개경연이좌화)하고

옥 자리를 펴고 꽃을 대하여 앉아

飛羽觴而醉月 (비우상이취월)

새깃 모양의 술잔을 주고받으며 달빛에 취하니

不有佳作 (불유가작)

아름다운 시가 있지 않다면

何伸雅懷 (하신아회)

어찌 고상한 회포를 펴리요

如詩不成(여시불성)

만약 시를 짓지 못할진댄

罰依金谷酒數 (벌의금곡주수)

금곡(金谷)의 예에 의하여 벌주 석 잔을 마셔야 하리라!

149. 천명 天命

인생을 노래하다
- 우담화 (歲月 세월 편에서) -

流水不復回 (유수불부회)
흐르는 물은 다시 돌아오지 아니하고
行雲難再尋 (행운난재심)
떠가는 구름은 다시 만날 수 없구나

老人頭上雪 (노인두상설)
늙은이 머리 위에 내린 흰 눈은
春風吹不消 (춘풍취불소)
봄바람이 불어도 녹지 아니하네

春盡有歸日 (춘진유귀일)
봄은 오고 가건만
老來無去時 (노래무거시)
늙음은 한번 오면 갈 줄을 모르네

春來草自生 (춘래초거시)
봄이 오면 풀은 절로 나건만
靑春留不住 (청춘유부주)
청춘은 붙들어도 달아나는구나

花有重開日 (화유중개일)
꽃은 다시 필 날이 있어도
人無更少年 (인무갱소년)
사람은 다시 젊음을 찾을 수 없네

山色古今同 (산색고금동)
산색은 예나 지금이나 변하지 않으나
人心朝夕變 (인심조석변)
사람의 마음은 아침저녁으로 변하네

인생을 노래하는 한시에 자꾸 마음이 갑니다.
뒤돌아 볼 게 많은 나이라서 그런가 봅니다.
늘 봄인줄 알았는데 어느덧 겨울이 가깝습니다.
나이 사이 사이로 찬 바람이 붑니다.
새로 만나는 사람보다 떠나 보내는 사람이 많습니다.
만남보다는 헤어짐이 익숙한 나이가 되어 갑니다.

자꾸만 변하는 내 마음을 붙잡기 힘듭니다.
새해를 맞을 때마다 새로운 꽃을 피우고 싶지만
지는 꽃잎을 보며 후회만 커져 갑니다.
조금 더 젊게 살려고 좋아하는 노래도 찾고
이렇게 한시도 모아 보지만
세월 앞에 늘 겸손하게 됩니다.

- 大山 -

150. 호불파산고
虎不怕山高

호불파산고 (虎不怕山高)
호랑이는 산이 높은 것을 두려워하지 않고
어불파수심 (魚不怕水深)
물고기는 물이 깊은 것을 두려워하지 않는다.

삼국지에서 유래된 말로 '전장의 군인이 적과 목숨을
두려워해서야 되겠느냐'는 뜻으로 풀이할 수 있습니다.

俎上肉不畏刀(조상육불외도)
도마 위에 오른 물고기는 칼을 무서워하지 않고
疲馬不畏鞭箠(피마불외편추)
너무나 지친 말은 채찍을 무서워하지 않습니다.

물고기는 물과 싸우지 않고
취객은 술과 싸우지 않으며
현인은 세월과 싸우지 않습니다.

- 大山 -

151. 천리방제 궤우의혈
千里防提 潰遇蟻穴

— 천리나 되는 단단한 방제가 눈에 보이지 않는 아주 조그마한 개미 굴에 의해 무너진다는 말입니다.

옛사람들은 '기미(起微)'가 보인다란 말을 합니다. 즉, 어떠한 일에 반듯이 전조나 예상할 수 있는 현상이 나타난다는 것입니다. 이러한 조짐을 헤아리고 인지하여 사전에 예방하고 준비하여 우환 등 재앙을 막아야 진정한 대인이라는 것이죠.

따라서 우리 일상에 끊임없이 일어나는 '기미'를 잘 감지하여 지혜로운 삶을 살아가야 한다는 성문입니다.

엄청난 태산도
눈에 보이지 않는
불씨에 의해
태워지는 법입니다.

- 大山 -

152. 간성 奸性

1991년 중국 런민대 출판사에서 나온 변간신론(辯奸臣論)이라는 책은 중국 역사 5000년을 넘나들며 간신들의 수많은 관심과 그들의 패악을 구체적으로 알립니다.

제도와 법이 상대적으로 잘 정비된 현대사회에서도 간신은 여전히 나타난다고 말해주고 있습니다.

사람은 누구나 '사욕(私慾) 즉 간성(奸性)'을 가지고 있기 때문입니다. 조직과 사회가 건강할 때는 이 같은 간성 이 잘 표출되지 않을 뿐더러 드러난다 해도 미미하고 잘 먹혀들지 않습니다.

하지만, 민초들이 힘들며 삶이 혼란해지고 사회기강이 흐트러지고 상대가 어리석고 심약하면 간성은 여기저기에서 나타나 패악을 떨칩니다. 누구나 간신이 될 수 있습니다. 따라서 간성에 노출되지 않고 유혹에 빠지지 않도록 스스로 단련하여 인, 의, 예, 지, 덕 중에서 하나라도 결여된 자 하고는 동행을 삼가하여 중용의 길을 가야 합니다. 간신은 타고나는 게 아니라 혼란의 시대가 잉태합니다.

구밀복검
(口密腹劍)

'말은 정답게 하나 속으론 해칠 생각이 있음'이라는 말입니다. 간신의 대표적인 속성입니다. 후대들에게도 잘 가르쳐야 합니다. 잘못하였다가는 일생을 망칠 수 있기 때문입니다. 내 주변 잘 살펴 가시옵소서...

강산이개, 본성난개
(江山易改, 本性難改)

"강산은 변하기 쉬워도
사람의 본성은 변하기 어렵습니다."

- 大山 -

153. 생우우환 사우안락
生于憂患 死于安樂

'어려운 상황은 사람을 분발하게 하지만 안락한 환경에 처하면 쉽게 죽음에 이른다'는 뜻입니다. 동물의 세계도 마찬가지입니다. 천적(天敵)이 없는 동물은 시간이 갈수록 허약해지고, 천적(天敵)이 있는 동물은 점점 강해지고 웬만한 공격은 스스로 이겨냅니다.

인생은 늘 시련과 함께 한다는 사실을 받아들이는 것, 그 시련이 인생을 더욱 값어치 있게 만든다는 사실을 받아들이는 것만으로도 훨씬 행복하게 살아갈 수 있습니다.

탈무드에 "가난한 가정의 아이들 말에 귀를 기울여라. 지혜가 그들에게서 나올 것이다."라는 격언이 있듯이 유대인 성공 비결 중 그 하나는 부족(Lack)에 있습니다. 유대인은 부족함을 최고의 선물로 삼아 유일한 자원인 두뇌 개발을 위한 교육에 집중하여 오늘의 성공을 이루었습니다.

부족함은 어떤 이에게는 실패의 핑계가 되고, 또 어떤 사람에게는 성공의 원인이 되기도 합니다. '부족함 때문에 실패했다'라는 표현을 쓸 것인지, '부족함 때문에 성공했다'는 표현을 쓰게 될 것인지는 스스로의 선택에 달려 있습니다.

평탄한 삶에서는 걸작이 나오지 않는 법입니다. 결핍, 그리고 고난과 역경은 神이 내린 최고의 축복입니다.

세력을 키우면서 북상(北上)하는 태풍처럼 동토(凍土)를 뚫고 올라오는 봄꽃들의 에너지는 설명할 수 없는 기적입니다. 이를 깨닫기까지 다양한 경험과 체험과 인고(忍苦)의 시간이 필요합니다.

성리학(性理學)의 원조이며 중국의 唐을 대표하는 정치가 한유의 詩에 이런 대목이 있습니다.
"學海無涯苦作舟 (학해무애고작주)
배움의 바다에 끝이 없으니 부족한 곤(困)의 苦를 견디며 튼튼한 배(舟)를 만들지니라."
깊이 깊이 되새김하면서 神도 침몰시킬 수 없는 舟를 상상해 봅니다.

내 꿈이 있다면 그야말로 나이는 숫자일뿐입니다.
나이는 눈 속에 피는 꽃입니다.
-♡♡♡♡-

돌산에서 - 大山 -

154. 송무백열 松茂栢悅

"소나무가 무성하니 잣나무가 기뻐하더라."
상대방이나 벗이 잘됨을 기뻐한다는 말입니다.

같은 뜻의 사자성어로는 혜분난비(蕙焚蘭悲)가 있습니다. 혜란이 불에 타니 난초가 슬퍼한다는 뜻으로, 벗의 불행을 슬퍼한다는 말입니다. '혜(蕙)'는 난초의 한 종류입니다.

울진, 삼척, 동해에 큰 산불이 났습니다. 정성들여 가꾼 집이 다 타고 주저 앉았습니다. 그 고통을 차마 외면하기 힘듭니다. 남의 고통을 외면한다는 건 사람 노릇이 아닙니다.

나 혼자만 잘 산다는 건 진정한 행복, 진정한 삶이 아닙니다. 코로나로 인한 소상공인들의 아픔에도 눈이 갑니다. 정치도 세상사도 송우백열, 혜분난비의 마음으로 가야 합니다. 잘 되면 함께 기뻐하고 축하하며, 아프면 같이 아파하고 슬퍼하는 그 마음으로 같이 살아가야 합니다. 그게 참된 인간, 참된 인생입니다.

155. 천수종종 淺水淙淙
심수무성 深水無聲
정수유심 靜水流深

부처님 말씀 중에 '정수유심(靜水流深)'이란 말이 있습니다. 고요한 물은 깊이 흐른다는 뜻으로 도량이 깊고 심지(心地)가 굳은 사람은 늘 언행이 무겁고 조용하다는 걸 이릅니다. 석가모니의 가르침을 전하는 경전인 아함경(阿含經) 원문에는

천수종종(淺水淙淙)
심수무성(深水無聲)
정수유심(靜水流深)
'얕은 물은 시끄러운 소리를 내며 흐르고 깊은 물은 소리를 내지 않으니 고요한 물은 깊이 흐르는 법이다'라고 되어 있습니다.

최고의 경지에 오른 사람은 누가 자신을 알아주지 않아도 상처받지 않고, 또 자신을 알리기 위해 짖고 떠들며 안달하지도 않습니다. 도덕경에서도 '지자불언(知者不言) 언자불지(言者不知)', 아는 사람은 말하지 않고, 말하는 사람은 지식이 없다. '빈 수레가 요란하다'는 우리나라 속담과 맥(脈)을 같이 하고 있습니다.

요즘은 스스로를 알리기 위한 자기 PR시대라고 하지만 아무리 그래도 침묵의 소중함은 변하지 않습니다. 속이 꽉 찬 사람은 스스로 알리지 않아도 주변에서 먼저 알게 되어 있습니다. 물이 깊을수록 고요히 흐르는 것처럼 사람의 배움이 많고 인품이 깊을수록 말 한마디 행동 거지 하나에도 신중하고 무겁기가 짐을 가득 실은 수레와 같습니다. 그만큼 열린 입을 닫기가 힘들고 발걸음을 멈추기가 힘든 것이 사람이기 때문에 입을 닫고 말을 삼가는 것은 농부가 씨를 뿌리고 싹이 돋아나길 기다리는 것과 다름 없는 커다란 인내를 필요로 합니다. 사람이 태어나서 말을 배우는 데는 2년이 걸리지만 침묵을 배우는 데는 60년이나 걸릴 만큼 열기 쉽고 닫기 힘든 것이 입입니다.

고요함과 관련된 재미있는 이야기가 하나 있습니다. 어떤 아이가 공장 안에서 집안대대로 내려오던 회중시계를 잃어버렸습니다. 아이는 울상이 되어서 사방을 뒤졌으나 찾을 수가 없어 아버지에게 사실대로 말했고 아버지도 직원들과 함께 찾아봤지만 찾을 수가 없자 사람들에게 이렇게 얘기했습니다. "자! 모두 하던 일을 잠시 멈추고 전원을 꺼 기계도 멈추고 조용히 기다려 보자!" 공장 안은 쥐 죽은 듯이 조용해졌고 그리고는 얼마 지나지 않아 째깍째깍 시계의 초침소리가 들리기 시작했습니다. 주위 환경이 조용해지자 시계 스스로 구석진 바닥에서 자신의 위치를 주인에게 알려준 것입니다. 그렇게 시계를 찾은 후에 아버지가 아들에게 말하기를 "얘야! 세상이 시끄러울 땐 조용히 있어보아라! 잃어버렸던 소중한 것들을 찾을 수 있을 것이다."

고요함이 평소엔 들을 수 없었던 것들을 듣게 해주는 것
처럼 입을 닫아야 더 잘 들립니다. 귀와 눈이 두 개씩이고
입은 하나인 이유는 더 잘 듣고 보고 말은 조금만 하라는
것입니다.

- 大山 -

156. 일중즉이 월만즉휴
日中則移 月滿則虧

"해는 중천에 뜨면 기울고, 달은 차면 기운다"

盛(성)하면 곧 衰(쇠)하는 것이 자연의 攝理(섭리)입니다. 밤의 어둠을 밝혀주는 달은 이태백이 놀고, 옥토끼가 산다고 동요에서 노래할 정도로 우리에겐 사랑받았습니다. 농경생활을 영위했던 전통 한국사회에서 그만큼 달은 생명의 기준이며 생활의 원점을 이뤄왔습니다. 초승달에서 반달로 다시 보름달로 끊임없이 이어져, 만월이 되었더라도 곧 이지러지는 것을 알았습니다. 이 지혜를 본받아 곧잘 인생의 성쇠를 일러주는 비유로 삼습니다.

누구나 흥얼거리던 1950년대 가요 '노랫가락 차차차'에도 '노세 노세 젊어서 놀아/ 늙어지면은 못 노나니/ 화무는 십일홍이요/ 달도 차면 기우나니라'로 가수 황정자가 노래합니다. 무슨 일이든 절정에 달한 뒤에는 쇠퇴하게 된다는 많은 성어 중에서 가장 친숙한 '달이 차면 이지러진다'는 이 성어는 '史記(사기)'에서 그 유래를 찾을 수 있습니다. 范雎蔡澤(범저채택) 열전에 나옵니다. 범저의 저(雎)는 물수리 저인데 睢(물이름 수)와 비슷하여 오랫동안 통용됐으나 雎(저)로 통일됐습니다. 범저는 魏(위)나라 사람이고 채택은 燕(연)나라 사람으로 모두 고향에서 고생하다 秦(진)나라에 들어와 빛을 보게 됐습니다.

범저는 달변으로 昭王(소왕)의 신임을 얻어 재상의 자리에 올랐습니다. 탄탄한 권력을 누릴 즈음 채택이 찾아와 슬슬 속을 뒤집었습니다. 지금 안락하게 지내는 범저가 商君(상군)이나 吳起(오기) 등의 공적에 미치지 못하면서도 왕의 신뢰와 총애는 더 많이 받아 봉록과 재산이 그들보다 능가하는데 지금 물러나지 않는다면 필시 더 큰 화가 기다릴 뿐이라며 일러줍니다.

속담에 '해가 중천에 오르면 서쪽으로 기울고 달도 차면 이지러진다'고 했습니다. 사물이 극에 달하면 점차 쇠퇴해 지는 것은 천지 간의 이치입니다.

日中則移 月滿則虧 物盛則衰 天地之常數也
(일중즉이 월만즉휴 물성즉쇠 천지지상수야)

범저는 옳다고 여겨 채택을 천거하고 병을 핑계로 물러났고 재상이 된 채택도 뒤에 스스로 물러나 평안한 말년을 보냈습니다. 평범한 진리의 삶으로 안락한 노년을 맞이한 범저와 채택의 지혜가 엿보이는 대목입니다.

- 大山 -

157. 영불리신 일중도영
影不離身 日中逃影

"그림자는 몸을 떠나지 않는다.
몸에서 그림자를 떼어내려는 것은 무리(無理)이다"

일중도영(日中逃影)
人有畏影惡迹
어느 곳에 제 그림자를 두려워하고 제 발자국을 미워해서
而去之走者
그것을 떼어버리려고 달아나는 사람이 있었다.
擧足愈數而跡愈多
발을 자주 놀릴수록 발자국은 더욱 많아졌고,
走愈疾而影不離身
빨리 뛰면 뛸수록 그림자는 그의 몸을 떠나지 않았다.
自以爲尙遲
아직도 제 걸음이 느리다고 생각해서
疾走不休 絶力而死
더욱 빨리 달리고 쉬지 않아 기력이 다하여 죽었다고 한다.

그렇다고 이에 대한 해답(解答)은 없는 것인가요?
우선 고사(故事)부터 요약해 봅니다.
세상을 살다 보면 사람들은 누구나 자신의 언행이 잘못
됐음을 알아 자신을 미워하고 후회하는 일이 생깁니다.

이때 자신을 자책하고 자해하며 영과 혼에 큰 상처를 주어서는 안 됩니다. 다만 진실로 "과이개지 선막대언"을 실천한다면 오히려 좋은 결과로 전화위복이 될 수 있습니다.

고사(故事)
孔子가 제자들과 숲에서 거문고를 타면서 시를 읊었다. 이때 한 어보가 공자 제자에게 저 사람이 누구냐고 물었다.

子貢對曰 : 자공(子貢)이 대답하였다.
「孔氏者 : "저 공 선생은
性服忠信 : 마음으로는 충언을 생각하고,
身行仁義 : 몸으로는 인의를 행하고,
飾禮樂, 選人倫 : 예와 악(풍류)을 닦아 갖추고 인륜을 정하며,
上以忠於世主 : 위로는 임금에게 충성하고
下以化於齊民 : 아래로는 백성을 교화해서
將以利天下 : 장차 천하를 이롭게 하려고 합니다.
此孔氏之所治也」 : 이것이 공자가 다스리는 도이다.
客乃笑而還, : 이에 어보는 돌아섰다.
行言曰 : 그리고 걸어가면서 중얼거렸다.
仁則仁矣, 恐不免其身 : 어질기는 어질다. 허나 그 몸의 화는 면하지 못할 것이다.
苦心勞形以危其眞 : 마음을 괴롭히고 몸을 바쁘게 해서 그 참 성품을 위태롭게 한다.
嗚呼！遠哉其分於道也」 : 아아, 도에서 멀리도 떨어졌구나.

자공이 돌아와 공자에게 말하니 성인(聖人)이라고 그 어보를 찾아가 두 번 절하고 배움을 청하자, 그 어보가 공자에게 말했다.

今子旣上無君侯有司之勢 : 이제 그대는 위로는 제후나 재상의 권세도 없고,

而下無大臣職事之官 : 아래로는 대신(大臣)이나 어떤 벼슬도 없으면서,

而擅飾禮樂選人倫 : 마음대로 예와 악을 꾸미고, 인륜을 정하여

以化齊民 : 백성을 교화하려 하고 있으니,

不泰多事乎! : 너무 많은 일을 하려는 것이 아닌가

그러면서 팔자(八疵)와 사환(四患)을 얘기한다.

팔자(八疵) : 사람들이 지니기 쉬운 여덟가지 허물인 팔자(八疵). 즉,

- 제가 할 일이 아닌데 억지로 하는 총(總),
- 남이 청하지 않는 말을 하는 영(佞),
- 남의 뜻을 받드는 말 첨(諂=諂),
- 옳고 그름을 가리지 않는 지껄임의 유(諛),
- 남의 잘못만을 말하는 참(讒),
- 남을 이간시키는 적(賊),
- 거짓으로 사람을 악에 떨어지게 하는 특(慝),
- 사람을 악으로 유인하는 험(險)등 을 나열하였다.

인간의 최후 마지막엔 결국 홀로 되는 것입니다. 사람은 미완성입니다. 누구나 맹점을 가지고 태어났습니다. 그 취약점을 어떻게 깨달고 고상하게 승화하느냐에 따라 자신의 불, 행복 명운의 이정표가 정해지는 법입니다.

- 大山 -

158. 포공구덕 蒲公九德

"민들레에는 아홉가지 배울 점이 있다."

국화과에 속하는 여러해 살이 "풀" 민들레 이야기입니다. 포공(蒲公)이란 민들레의 습성(習性)을 비유하여, 한의학(韓醫學)에서 민들레를 지칭하는 말로, 포공영(蒲公英)이라고도 합니다.

민들레에는 아홉가지의 배울 점이 있는데, 옛날 서당에서는 뜰에 민들레를 심어, 글을 배우는 제자들이 매일 같이 보면서 민들레의 아홉 가지 덕목(德目)을 교훈으로 삼도록 가르쳤고, 이를 포공구덕(蒲公九德)이라 했습니다.

그 아홉 가지 德이라 함은

1) 인(忍)
민들레는 밟거나, 우마차(牛馬車)가 지나다녀도 죽지 않고 살아나는 끈질긴 생명력이 있어 인(忍)의 덕목(德目)을 지녔고

2) 강(剛)
민들레는 뿌리를 자르거나 캐내어 며칠을 말려도 싹이 돋고, 호미로 난도질을 해도 가느다란 뿌리를 내려 굳건히 살아나는 강(剛)의 덕목(德目)을 지녔으며

3) 예(禮)

민들레는 돋아 난 잎의 수 만큼 꽃대가 올라와, 먼저 핀 꽃이 지고 난 뒤, 다음 꽃대가 꽃을 피우니, 올라오는 순서를 알고 이 차례를 지켜 피어나니, 예(禮)의 덕목(德目)을 지니고 있다 할 수 있으며

4) 용(用)

민들레는 인간에게 여린 잎이나 뿌리를 먹을 수 있도록 온몸을 다 바친, 유용한 쓰임새가 있으니 용(用)의 덕목(德目)을 지니고 있다 할 수 있고

5) 정(情)

민들레는 봄에 가장 먼저 꽃을 피우며, 꽃에는 꿀이 많아, 벌과 나비를 불러 모으는 정(情)의 덕목(德目)을 지니고 있으며

6) 자(慈)

민들레는 잎과 줄기를 자르면 흰 젖이 흘러나와, 상처를 낫게 하는 약(藥)이 됩니다. 이는 사랑의 자비를 뜻하는 자(慈)의 덕목(德目)을 지니고 있다 할 수 있고

7) 효(孝)

민들레는 소중한 약재(藥材)로 뿌리를 달여 부모님께 드리면, 흰머리를 검게 하여 나이든 이를 젊게 하니 효(孝)의 덕목(德目)을 지니고 있다 할 것이며

8) 인(仁)

민들레는 자기 몸을 찢어, 모든 종기에 아주 유용한 즙(汁)을 내어주어, 자기의 몸을 희생시키니, 인(仁)의 덕목(德目)을 지니고 있고

9) 용(勇)

민들레는 꽃이 피고 질 때, 씨앗은 바람을 타고 멀리 날아가, 돌밭이나, 가시밭이나 옥토(沃土)에 떨어져 스스로 번식하고 융성(隆盛)하니, 자수성가(自手成家)를 뜻하는, 용(勇)의 덕목(德目)을 지니고 있습니다.

그냥 길섶에 피어 하찮고 수줍어 보이기만 하는 민들레가 이처럼 아홉 가지 덕(德)이 있음을 알고, 그 깊은 뜻을 끄집어 낸 우리 선조들의 지혜가 엿보이는 대목입니다.

작은 것에서 큰 것을 얻었던 우리 선조들의 지혜, 온고지신으로 삼아 배워야 할 듯 합니다.

- 大山 -

159. 일체중생개구사
一切衆生皆懼死

"모든 중생은 죽음으로부터 두려움을 갖는다"

도장품. 1장
이 세상 모든 것은 죽음을 두려워하고 이 세상 모든 것은
매질의 고통을 두려워한다. 자신의 마음에 비추면 알 수
있으니 남을 죽이지 말라. 때리지 말라.
一切皆懼死 莫不畏杖痛 恕己可爲譬 勿殺勿行杖
일체개구사 막불외장통 서기가위비 물살물행장

도장품. 2장
항상 뭇 중생을 편안케 하고 온갖 고통을 주지 않으면 지
금 세상에서도 해로운 일 당하지 않고 다음 세상에서도
길이 편안하리라.
能常安群生 不加諸楚毒 現世不逢害 後世長安隱
능상안군생 불가제초독 현세불봉해 후세장안은

도장품. 3장
남이 듣기 싫은 성난 말을 하지 말라. 그렇게 말하는 사람
은 두려운 과보를 받는다. 악을 보내면 화가 돌아오나니
칼과 몽둥이가 온몸에 퍼부어지리라.
不當추言 言當畏報 惡往禍來 刀杖歸軀
부당추언 언당외보 악왕회래 도장귀구

도장품. 4장

듣기 좋은 착한 말을 하라. 마치 종소리가 울려 퍼지는 것처럼 그는 모든 시비의 논의를 없애고 속세에서 벗어나 편안해지리라.

出言以善 如叩鐘磬 身無論議 度世則易

출언이선 여고종경 신무론의 도세즉이

도장품. 5장

착한 사람을 매질하거나 죄 없는 사람을 모함하면 그 재앙은 열 배로 불어나리니 그 모든 재앙은 신속히 다가와 용서받지 못하리라.

歐杖良善 妄讒無罪 其殃十倍 災迅無赦

구장양선 망참무죄 기앙십배 재신무사

도장품. 6장

태어나는 극심한 고통을 받고 상처입고 부러진 불구의 몸이 되며 누구나 겪어야 할 번뇌와 질병에 시달리고 정신을 잃고 몽롱해진다.

生受酷痛 形體毀折 自然惱病 失意恍惚

생수혹통 형체훼절 자연뇌병 실의황홀

도장품. 7장

다른 사람의 모함을 받고 왕의 노여움으로 화를 입으며 재물을 모두 잃어 빈털털이가 되고 친척들과 헤어진다.

人所誣咎 或懸官厄 財産耗盡 親戚離別

인소무구 혹현관액 재산모진 친척이별

도장품. 8장

집과 재산이 모두 불 타버리고 죽어서 지옥에 가니 이와 같이 열 배의 재앙을 당한다.
舍宅所有 災火焚燒 死入地獄 如是爲十
사택소유 재화분소 사입지옥 여시위십

도장품. 9장
비록 세속의 옷을 벗고 머리를 깎고 풀로 지은 옷을 길게
드리워 입고 깨끗이 목욕하고 조용히 반석에 앉았더라도
어리석음으로 말미암은 번뇌를 어찌하랴.
雖雖剪髮 長服草衣 沐浴踞石 奈癡結何
수라전발 장복초의 목욕거석 내치결하

도장품. 10장
사람을 죽이거나 불태우지 않고 또한 애써 이기려고 하지
않으며 천하의 모든 것을 자애롭게 대하면 가는 곳마다
원망하는 사람이 없으리.
不伐殺燒 亦不求勝 仁愛天下 所適無怨
불벌살소 역불구승 인애천하 소적무원

도장품. 11장
세상의 온갖 사람들 가운데 부끄러워 할 줄 아는 사람이
있으면 그야말로 진리로 이끌어 들일 수 있는 사람이라
하니 그를 가르침은 좋은 말을 채찍질하는 것과 같다.
世黨有人 能知참愧 是名誘進 如策良馬
세당유인 능지참괴 시명유진 여책량마

도장품. 12장
좋은 말에 채찍질을 하면 먼 길을 달려갈 수 있듯이 믿음
과 계율을 지니고 선정에 머물러 부지런히 수행하며 진리

를 받아지니고 지혜를 성취하면 온갖 괴로움은 당장에
없어지리.

如策善馬 進道能遠 人有信戒 定意精進 受道慧成
便滅衆苦
여책선마 진도능원 인유신계 정의정진 수도혜성
편멸중고

도장품. 13장
스스로를 엄격히 다스려 법을 닦고 탐욕을 덜어내고 청정
한 행위를 받아 지니며 뭇 중생을 해치지 않으면 그가 바
로 사문이요 진리를 추구하는 사람이다.

自嚴以修法 減損受淨行 杖不加群生 是沙門道人
자엄이수법 감손수정행 장불가군생 시사문도인

도장품. 14장
이 세상 모든 것에 해를 입히지 않으면 죽을 때까지 해를
입지 않는다. 항상 모든 것을 자애롭게 대하니 누가 원수
로 삼겠는가.

無害於天下 終身不遇害 常慈於一切 孰能與爲怨
무해어천하 종신불우해 상자어일체 숙능여위원.

- 법구경 -

160. 포덕취의 飽德醉義

飽德醉義 樂有餘
포덕취의 락유여

"덕에 배부르고 의리에 취하며
더불어 즐거움에 여유를 가져라"

덕이 있는 자를 만나면 먹지 않아도 배부릅니다.
그를 지렛대 삼아 더 큰 삶의 지혜를 얻게 됩니다.

한 사람이 한 권의 책이라고 했습니다. 덕이 있는 사람은
수백권의 지혜서입니다. 그 사람과 나누는 대화가 풍성
하고 배부른 것은 그 지혜를 흡수할 수 있기 때문입니다.

의리를 취하면 기분도 취합니다.
사람 사는 맛, 인관관계의 멋이 바로 의리입니다.

덕과 의리를 한번에 취하면 인생을 즐기는 참 맛과 여유
가 생기는 법입니다. 덕을 나누고 의리로 더불어 사는 즐
거움을 누리십시오.

돌산에서 아침에 – 大山 –

161. 맹구주산 猛狗酒酸

"사나운 개가 옆에 있어 술이 초산으로 변했다"

장안에 한 주막집 주모는 미모나 볼품이 없는데도 손님들이 문전성시를 이루고 장사가 잘되었습니다. 이를 확인한 문, 예, 미, 도를 모두 갖추고 술까지 잘 빚을 줄 아는 가문에 한 여인이 자긍심을 가지고 저잣거리 한쪽에 근사한 주막을 차렸습니다. 개업 빨로 손님이 한동안 많더니 어느덧 손님들 발길이 서서히 끊어져 장사가 안되어 실의에 빠질 때 한 고승이 시주를 청하고 가면서 '맹구주산이로구나' 하여 고승을 붙잡고 무슨 말이냐 물으니 주모 옆에 사나운 개나 사나운 기둥 남정네가 있으면 술이 안 팔려 산으로 변한다고 말하는 겁니다.

주모는 이후 개를 비롯해 주변을 잘 정리하자 손님들이 다시 만객왕래 하였다고 합니다.

다시 말해, 그 주변에 안 좋은 사람이 있다면 그 사람 곁에 다가가기 힘들다는 이야기입니다. 혹시 내 옆 주변에 평판이 나쁜 사람이 있나 살펴보아야 좋은 사람을 사귈 수 있음을 비유한 말입니다.

돌산에서 아침에 - 大山 -

162. 酒食兄弟千個有
急難之朋一個無

주식형제천개유 급난지붕일개무
- 명심보감 -

"술과 음식이 충만할땐 형제처럼 절친한 친구들이 천명이나 되지만, 위급하고 어려운 상황에 처해서 진정한 벗이 가장 필요할 때에는 친구가 하나도 없다."

그저 함께 어울려서 술을 마시며 세상의 쾌락을 즐기는 친구들은 많지만 정말 어렵고 곤란할 때 속마음을 나누며 위로하고 격려해 줄 수 있는 친구, 물심양면의 어떠한 도움이라도 아까워하지 않고 기꺼이 베풀어주는 친구는 드문 것입니다.

친구를 뜻하는 '우(友)'자는 손 두 개가 나란히 그려져 있는 모습을 본떠서 만든 상형문자입니다. 일생동안 서로 서로 손을 잡고 격려해 주며 보듬어 주고 아껴주는 관계가 바로 우정(friendship)입니다.

군자지교담여수 君子之交淡如水
소인지교감약예 小人之交甘若醴
군자가 벗을 사귀는 것은 그 담박하기가 마치 물과 같이,
소인이 벗을 사귀는 것은 달콤하기가 마치 단술과 같다.

올바른 친구와의 만남은 겉치레나 꾸밈없이 소박하고 맑아 얼핏 보면 정이 없는 것처럼 무덤덤해 보이지만, 그 속은 깊고 자상하여 무엇보다 이해관계에 좌우되지 않아서 투명하고 담담합니다.

그러나 그릇된 친구들의 경우에는 처음 사귈 때부터 요란하고 마치 간담이라도 내어줄 것처럼 듣기 좋은 말만 하기 마련입니다. 마치 세상에 둘도 없는 친구나 연인인 것처럼 칭찬해 주지만, 그런 사귐은 얼마 되지 않아 변색되고 그 이기적인 동기가 드러나고 마는 것입니다.

돌산에서 - 大山 -

163. 요동시 遼東豕

"요동의 돼지라는 말이다"

요동(遼東) 지역에 돼지를 기르는 농부가 있었습니다. 그가 기르는 돼지는 모두 검은 색의 돼지였으며, 그 동네의 돼지도 모두 검은 색의 돼지였습니다. 하루는 그 검은 돼지가 흰색의 새끼를 낳았습니다.

그 농부는 대단히 상서로운 징조라고 여기며 이 흰 돼지를 천자에게 바치면 큰 벼슬을 할 수 있으리라고 믿었습니다. 이리하여 그 농부는 흰 돼지를 소중히 안고 길을 떠났습니다. 어느 곳에 이르러 그 농부는 강을 건너기 위해 배를 타게 되었습니다. 배에서도 그 농부는 이 흰 돼지를 소중하게 끌어안고 있었습니다. 함께 배를 타고 있던 사람들이 이를 이상하게 여기고 그 사연을 물었습니다. 그 농부는 이 귀한 흰 돼지를 천자에게 바치고자 한다고 말했습니다. 그러자 함께 배에 타고 있던 사람들이 모두 껄껄 웃었죠. 그 농부는 사람들이 왜 웃는지를 몰랐습니다. 배가 강을 건너자 그 농부는 배에서 내렸습니다. 그곳은 강동 땅이었습니다. 그 농부는 동네로 들어갔습니다. 그런데 그 동네의 돼지는 모두 흰색이었습니다. 그 농부는 비로소 배에 탔던 사람들이 웃었던 이유를 알았습니다.

그 농부는 고개를 숙이고 고향으로 돌아갔습니다.

위의 이야기에서 나온 '요동시(遼東豕)'라는 말은 자신의 처지나 자신의 생각이 객관적으로 어떠한가를 항상 살피고 있어야 한다는 것을 말해 주고 있습니다.

우리는 가끔 남이 보면 당연하거나 보편적인 일을 멋모르고 자랑하는 경우가 있습니다. 그러므로 자랑거리가 있어도 꾹 참아보는 것은 좋은 일입니다. 이는 객관적으로는 자랑거리가 아닐 수도 있기 때문입니다. 화가 나는 일을 참아 보는 일은 더욱 좋은 일입니다. 왜냐하면 이는 객관적으로는 화를 낼 일이 아닐 수도 있기 때문입니다. 우리는 가끔 자신이 가장 불행하다고 생각하는 경우가 있습니다. 그러나 더 넓게 세상을 보면 그 불행은 실제로 불행한 것이 아닌 경우가 있다는 것이죠.

- 大山 -

164. 맹수불군 아조불쌍
猛獸不群 鵝鳥不雙

"힘센 짐승은 무리를 짓지 아니 한다"

猛獸不群　鵝鳥不雙
맹수불군　아조불쌍

힘센 짐승은 무리를 짓지 아니하고,
날쌘 새들은 쌍으로 날지 아니한다.
회남자淮南子에 나오는 말입니다.

맹수의 왕 호랑이는 둘이 다니지 않고 혼자 다닙니다.
자신의 힘을 믿기 때문입니다. 깨침의 한 소식은 혼자든
둘이든 숲속이든 저잣거리든 상관하지 않습니다. 혼자
라는 외로움, 공허감, 두려움이 없습니다. 공부의 깊음입
니다. 이것이 진정한 의지의 힘이요 깨침입니다. 깨쳐야
만 올바르게 삽니다. 지혜의 힘만이 어떤 어려움의 난관
이 있더라도 헤쳐 나올 수 있는 힘입니다.

가슴 속에 박혀있는 창을 뽑아내듯이 머리에 붙은 불을
끄듯이 지혜를 깨치는 수행을 해야 합니다. 깨침만이 대
자유입니다. 세상사를 모두 다 안들 내가 나를 모른다면
무슨 의미가 있겠습니까?

설산雪山(에베레스트 산)을 가보지도 않고, 설산 지도만 평생을 연구하고 통독해 본들 설산을 한번 올라가 본 자를 능가할 수 없듯이, 직접 쌀 농사를 지어야 쌀 수확을 하지, 쌀 농사법만 백날 읽어 봐야 소용없는 것과 같습니다.

유명한 것에 속지 말고, 겉모양에 속지 마십시오. 유명하다고 해서 그게 다 옳은 것은 아니며, 말이 그럴듯하다고 해서 그 말이 진실이 아닙니다.

속 다르고 겉 다른 사람들이 많습니다. 진리란 어떤 상황에서도 그 논조가 바뀌지 않는 가르침입니다.

돌산에서 - 大山 -

165. 응용무념 應用無念

아무런 생각이나 관념 또는 상(相)이 없이 대응하고 응용하는 것. 해와 달이 무심으로 운행하듯이 사람도 무위(無爲)·무주(無住)·무작(無作)·무심(無心)으로 천만사물이나 경계에 대응하고 활용하는 것.

큰 은혜를 베풀고도 은혜를 베풀었다는 관념과 상을 놓아버리는 것. 다시 말해 상대에게 고구마, 감자, 밤, 대추 등을 선물하였는데 상대는 왜 호박을 주지 않느냐고 바란다면 상대에 대한 섭섭함과 상처가 생길 수 있습니다. 애당초 고구마 등을 줄 때 선물을 한 것이 아니라 결국 호박을 뺏으려고 한 행위라 볼 수 있습니다. 따라서 상대에게 베풀었다면 영원히 선물로 해야하며 이에 '무념' 즉 생각을 버려야 한다는 뜻이 됩니다.

"당신도 상대에게 도움을 주고 베풀었다면
이에 생각을 버리세요"

- 大山 -

166. 성문실화 앙급지어
城門失火 殃及池魚

**"성문에 불이 나니 주변 연못에 살던 고기들에게
치명적인 재앙이 닥쳤다"**

성문에 불난 일과 주변 연못에 사는 물고기들과 무슨
관계가 있단 말일까요? 성문에 불이 나니 불을 끄기 위해
성문 주변에 있는 모든 물을 퍼다 불을 끄기 시작하여
결국 주변 연못들 물은 다 퍼서 고갈되어 그 연못에 살고
있던 고기들에게 치명적이 재앙이 닥쳐 폐사까지 이르게
됐다는 성문입니다.

다시 말해 '주변 환경 영향에 따라 직, 간접적으로 자신의
운명이 바뀔수도 있다는 것'을 비유한 말입니다. 따라서
내 주변 환경과 내가 누구를 알고 있느냐는 참으로 중요
하며 운명을 좌우하는 변수가 될 수 있다는 뜻이 됩니다.

아침에 일어나 누구와 활력넘치고 밝고
희망찬 하루를 시작하는
해맑은 인사를 나눌 수 있는지 생각하면
그것은 곧 자신의 자화상이며
이정표가 될 것입니다.

돌산에서 - 大山 -

167. 풍림화산 風林火山

"인생이란 속도전이다"

—

'바람처럼 빠르게, 숲처럼 고요하게, 불길처럼 맹렬하게, 산처럼 묵직하게'라는 뜻으로, 병법에서 상황에 따라 군사를 적절하게 운용하여야 승리를 거둘 수 있다는 말입니다.

인생을 살아가면서 때로는 바람처럼 빨리 움직여야 할 때도 있고, 때로는 숲처럼 천천히 걸어가야 할 때도 있습니다. 때로는 불처럼 급할 때도 있고, 때로는 산처럼 고요할 때도 있습니다.

바람처럼, 숲처럼, 불처럼, 산처럼, 손자병법에 나오는 풍림화산(風林火山)의 속도조절입니다.

풍림화산의 속도조절은 군대가 전쟁을 할 때 다양한 속도로 전쟁을 해야 한다는 것입니다.

풍(風), 때로는 바람처럼 빠르게 공격도 하였다가,
림(林), 때로는 숲처럼 고요하게 숨을 죽이기도 하고,
화(火), 때로는 불처럼 활활 타오르며 기습 공격을 하고,
산(山), 때로는 산처럼 움직이지 않고 고요할 수 있어야 한다는 것입니다.

기질여풍(其疾如風)이라! 빠를 때는 바람처럼 빨라야
한다.
기서여림(其徐如林)이라! 느릴 때는 숲처럼 고요해야
한다.
침략여화(侵掠如火)라! 공격할 때는 불처럼 거세야 한
다.
부동여산(不動如山)이라! 움직이지 않을 때는 산처럼
무거워야 한다.

인생을 한 편의 전쟁 드라마라고 표현한다면 풍림화산
은 한 사람 인생의 다양한 속도라고 할 수 있습니다. 바
람처럼, 숲처럼, 불처럼, 산처럼, 인생의 다양한 상황에
맞는 다양한 판단과 결정은 그 사람의 인생을 더욱 의미
있고 가치 있게 만듭니다. 인생도 바람처럼 달려가야 할
때는 뒤도 돌아보지 않고 뛰어야 합니다. 숲처럼 천천히
움직여야 할 때는 무리하지 말고 조심스럽게 살아야 합
니다. 불처럼 급하게 일을 처리할 때는 힘차게 타올라야
합니다. 산처럼 움직이지 않아야 할 때는 미동도 하지
않고 때를 기다려야 합니다.

풍림화산, 비록 전쟁에서 속도를 조절해야 승리한다는
전략이지만 인생도 그 때마다 다양한 속도로 사는 것이
무엇보다 중요합니다.

지금 나는 어떤 속도로 살아야 하는지 늘 생각하고
판단하는 것이 진정 승리하는 인생전략입니다.

- 大山 -

아~저 구름가고
세월 가고
천년까지 나도 가네...

초대받지 않았어도
이 세상에 왔고
허락하지 않았어도
저승으로 가야 하는구나...

- 大山 -

168. 침묵의 위대함

편작의 형제 이야기

—

중국 魏(위)나라의 왕 文侯(문후)가 전설적인 명의(名醫) 扁鵲(편작)에게 물었다. "그대 형제들은 모두 의술에 정통하다 들었는데 누구의 의술이 가장 뛰어난가?" 편작이 솔직하게 답합니다.

"맏형이 으뜸이고, 둘째형이 그다음이며, 제가 가장 부족합니다." 그러자 문왕이 의아해하며 다시 물었습니다. "그런데 어째서 자네의 명성이 가장 높은 것인가?" 편작이 말했습니다. "맏형은 모든 병을 미리 예방하며 발병의 근원을 제거해 버립니다. 환자가 고통을 느끼기도 전에 표정과 음색으로 이미 그 환자에게 닥쳐올 큰 병을 알고 미리 치료합니다. 그러므로 환자는 맏형이 자신의 큰 병을 치료해 주었다는 사실조차 모르게 됩니다. 그래서 최고의 진단과 처방으로 고통도 없이 가장 수월하게 환자의 목숨을 구해주지만 명의로 세상에 이름을 내지 못했습니다.

이에 비해 둘째 형은 병이 나타나는 초기에 치료합니다. 아직 병이 깊지 않은 단계에서 치료하므로 그대로 두었으면 목숨을 앗아갈 큰 병이 되었을지도 모른다는 사실을 다들 눈치채지 못합니다.

319

그래서 환자들은 둘째 형이 대수롭지 않은 병을 다스렸다고 생각할 뿐입니다. 그래서 둘째 형도 세상에 이름을 떨치지 못했습니다. 이에 비해 저는 병세가 아주 위중해진 다음에야 비로소 병을 치료합니다. 병세가 심각하므로 맥을 짚어 보고 침을 놓고 독한 약을 쓰고 피를 뽑아내며 큰 수술을 하는 것을 다들 지켜 보게 됩니다. 환자들은 치료 행위를 직접 보았으므로 제가 자신들의 큰 병을 고쳐 주었다고 생각합니다. 심각한 병을 자주 고치다 보니 저의 의술이 가장 뛰어난 것으로 잘못 알려지게 된 것입니다."

요즈음은 자기 PR시대라고 할 정도로 모두 다 시끄럽게 큰소리 내기를 좋아 하는 세상이지만 진실로 속이 꽉 찬 사람은 자신을 드러내지 못해 안달하지 않습니다.

짖는 개는 물지 않고 물려는 개는 짖지 않듯 대인(大人)은 허세(虛勢)를 부리지 않고 시비(是非)를 걸어 이기거나 다투어 싸우고자 하지 않습니다. 시끄럽게 떠들고 이기고자 함은 속이 좁은 탓에 빚어지는 허세일 뿐입니다. 마음이 넓고 깊은 사람은 알아도 모른 척하며, 재주를 과시해 자기를 돋보이려 하지 않습니다.

- 大山 -

169. 성숙하라

탈무드 & 삼국지

인생의 가치는 더 많은 소유가 아니라 더깊은 인격이며
인생의 목표는 무한한 성공이 아니라 끝없는 성숙이다.

- 탈무드 -

군주가 용맹하되 지혜가 없다면 나라가 어지럽고
소인이 용맹하되 성숙이 없다면 대단히 위험하다.

- 삼국지 중에서 -

병든 조개에서 진주가 생겨나고 감기든 소에서만 우황
을 얻을 수 있습니다. 구부러진 못도 한번 발라 쓴다면
반듯한 못보다 오히려 더 단단히 박힐 수 있다는 이야
기입니다.

후회는 아무리 빨라도 늦고, 시작은 아무리 늦어도 빠
릅니다. 우리를 원하는 곳으로 데려다 주는 것은 생각이
아니라 행동이라는 사실을 절대 잊지 마시기 바랍니다.

- 大山 -

170. 약 2400년 전 중국의 공자가 말하기를

—

인생에 가장 즐겁고 기쁜 일 3가지를
논어 첫 장 첫 페이지에 나열하여 우리들의 삶에
울림을 주었습니다.

"學而時習之不亦說乎
有朋自遠方來 不亦樂乎
人不知而不慍不亦君子乎"
학이시습지 불역열호
유붕자원방래 불역락호
인부지이불온 불역군자호

배우면서도 때때로
익힌다면 또한 기쁘지 아니한가?

벗이 먼 곳에서부터 찾아 왔다면
이 또한 즐겁지 아니한가?
이보다 기쁜 일이 또 어디 있겠는가?

남이 알아주지 않아도 성내거나
화를 쌓아두지 않는다면 또한 군자가 아니겠는가?

– 大山 –

171. 불출호 지천하
不出戶 知天下

—

나뭇잎 하나를 보고도 가을이 왔음을 알고
창문을 열지 않고도 바깥 세상을 알 수 있다

不出戶 知天下 不窺牖 見天道, 其出彌遠 其知彌少
불출호 지천하 불규유 견천도, 기출미원 기지미소

문밖을 나가지 않고도 천하를 알고, 바깥을 내다보지
않고도 천도를 안다. 멀리 나가면 나갈수록 아는 것은
더욱 줄어든다. 천하(天下)와 천도(天道)는 곧 자연(自然
)이다. 자연(自然)의 이법(理法)은 자신의 명(明)으로 관
조(觀照)하는 것이지, 돌아다니면서 관찰(觀察)하여 알
아내는 것이 아니다. 돌아다니면 돌아다닐수록 유위(有
爲)가 되어서 무위(無爲)와는 점점 더 멀어진다.

(노자 47장)

불출호 지천하 (不出戶 知天下)

성인은 집을 나서지 않고도 천하를 압니다. 좌조에 이른
고수는 앉아 천 리, 서서 만 리를 내다봅니다.

눈에 보이는 것을 보는 사람은 아직 하수입니다. 진정한 고수는 보이지 않아도 봅니다. 지혜라는 이름의 또 다른 눈을 통해서 봅니다. 위기구품의 여덟 번째 품계인 좌조(坐照) 는 '가만히 앉아서도 천변만화를 훤히 내다본다'는 단계입니다.

프로기사 8단의 별칭인 좌조의 경지에 이르면 천문지리를 두루 꿰고 있기에 방안에 앉아서도 삼라만상의 변화를 훤히 꿰뚫습니다. '좌시천리(坐視千里) 입시만리(立視萬里)'라는 표현처럼 말 그대로 앉아서 천 리, 서서 만 리를 내다보는 것입니다. 이와 관련한 고사 하나를 사마천의 〈사기〉 신릉군(信陵君)열전에서 찾아볼 수 있습니다.

어느 날 신릉군이 위(魏)나라 왕과 바둑을 두고 있는데 북쪽에서 봉화가 올라왔습니다. "인접한 조(趙)나라의 군대가 국경을 넘어왔다"는 급보였습니다. 왕이 바둑판을 물리고 허겁지겁 대신들을 부르려고 하자 신릉군이 말렸습니다. "별 것 아닙니다. 조나라 군대는 쳐들어 온 게 아니라 그쪽 왕이 사냥하는 것을 호위해 국경을 넘어 온 것일 뿐입니다." 위나라 왕이 불안해서 바둑을 두는 둥 마는 둥하고 있는데 북쪽에서 다시 봉화로 알려왔습니다. 조나라 왕이 사냥을 나왔으며, 군대 침공은 아니라는 내용이었습니다. 위나라 왕이 깜짝 놀라 신릉군에게 물었습니다. "아니, 보지도 않고 어떻게 그렇게 족집게처럼 맞혔소?" 그러자 신릉 군이 싱긋이 웃으며 대답했습니다. "제 집의 식객 중 하나가 조나라 왕의 근황을 늘 알려주고 있습니다. 그래서 보지 않고도 조나라 왕의 일거수일투족을 손바닥 들여다보듯 알 수 있는 것이지요."

이처럼 방책을 쓰면 가만히 앉아서도 천리 밖을 내다볼 수 있습니다. 천리안은 마술사의 신통력이 아닙니다. 좌조에 이른 고수는 지혜라는 또 다른 눈을 이용해서 보지 않고도 먼 곳의 동정을 손바닥 보듯이 들여다봅니다.

〈회남자〉에 "나뭇잎 하나가 지는 것을 보고 한 해가 저문 것을 알고, 병 속의 얼음을 보고 세상이 추워졌음을 안다"라는 표현이 나옵니다. 좌조의 고수는 오동잎 하나가 지는 것을 보고서도 천하의 계절이 바뀌었음을 압니다. 육안은 현상을 보지만, 심안(心眼)은 이치를 봅니다. 심안 곧 지혜의 눈을 갖춘 사람은 작은 낌새 하나를 통해서도 다가올 대변화를 읽어 냅니다.

〈춘추〉를 기록한 공자는 콩잎 하나에서 천하의 추세를 읽기도 했습니다. 노나라 애공(哀公)이 공자에게 물었습니다. "〈춘추〉를 보면 '겨울인 12월에 서리가 내렸는데도 콩잎이 시들지 않았다' 하는 구절이 있습니다. 어째서 이런 하찮은 일까지 기록했습니까?" "그것은 시들어야 할 것이 시들지 않았다는 뜻입니다. 마땅히 죽어야 할 것이 죽지 않으면 한겨울에 복숭아와 오얏이 열매를 맺게 됩니다. 초목이 자연의 법도를 어긴다는 것은, 군주가 하늘의 법도를 어겼다는 징표가 아니겠습니까?" 당시 노나라는 숙손씨를 비롯한 대부들이 권력을 틀어쥐고 정사를 어지럽히고 있었습니다. 그래서 초목과 금수가 하늘의 뜻에 감응해 이상 징후를 보이는 일이 흔했다고 합니다. 겨울인데도 시들지 않은 콩잎은 천하의 도리가 어긋나고 있다는 징후라는 것입니다.

중국 한나라의 명재상 병길(丙吉)의 고사에서도 좌조의 안목을 엿볼 수 있습니다. 어느 날 병길이 수레를 타고 외출을 했는데 거리에서 사람들이 패싸움을 벌이는 것을 보았습니다. 그 중에 어떤 이는 쓰러져 피를 흘리고, 죽은 사람도 있었습니다. 하지만 병길은 나 몰라라 하고 그냥 지나쳤습니다. 얼마 지나지 않아 이번에는 소달구지를 끌고 오는 농부와 마주쳤습니다. 소를 보니 혀를 늘어뜨리고 침을 질질 흘리고 있었습니다. 그러자 병길이 수레를 멈추게 하더니 시종을 시켜 농부에게 물었습니다.

"지금 이 소가 어디서 얼마나 멀리 걸어왔는가?"
농부가 대답했습니다. "아직 여름 전인데 소가 땀만 흘리고 영 맥을 못춥니다요." 병길은 시종들에게 "어서 수레를 돌려 관청으로 돌아가자"라고 지시했습니다. 시종들이 고개를 갸우뚱거리며 병길에게 물었습니다. "재상어른, 물어야 할 것은 묻지 않으시고 묻지 않아도 될 것은 물으신 까닭이 도대체 무엇입니까?" 병길의 대답은 이랬습니다.

"백성이 서로 싸우는 것은 도성의 관리들이 단속할 일이네. 재상인 내가 시시콜콜 간섭할 사안이 아니지. 하지만 여름도 아닌데 소가 숨을 헐떡거리는 건 이제까지 없었던 이상기후의 조짐이 아니겠는가? 만일 그렇다면 당장 올여름 농사가 걱정이고, 큰 재해가 닥칠지도 모를 일이지. 재상인 나는 한시라도 빨리 대책을 세워야겠기에 어서 수레를 돌리라고 한 것일세."

172. 무중원산 의망추
霧中遠山 意忘秋

무중원산 의망추(霧中遠山 意忘秋)
먼산이 안개 속에 있어
가을을 잊은 줄 알았더니

근거주찰 만단풍(近去周察 滿丹楓)
가까이 가 살펴보니
단풍이 가득하구나

수목소신 장종미(雖木燒身 裝終美)
비록 나무라 하더라도
몸을 태워 그 끝을 아름답게 장식하거늘

내인부지 진종중(奈人不知 眞從重)
어찌하여 인간은 그 끝이
참으로 중함을 모르더란 말인가...

끝이 아름답지 않은 사람이 많습니다.
끝의 중함을 모르기 때문입니다.
단풍만도 못한 사람이 많습니다.

- 大山 -

173. 學而不思則罔, 思而不學則殆

학이불사즉망, 사이불학즉태 - 공자 -

"배우기만 하고 스스로 사색하지 않으면 학문이 체계가 없고, 사색만 하고 배우지 않으면 오류나 독단에 빠질 위험이 있다."

배움과 수행에 있어 종신토록 새겨야 할 말입니다. 이처럼 짧은 문장에 이토록 많은 의미를 넣을 수 있다니 정말 대단하다 생각됩니다.

많은 사람들이 노력하지만 그 결과를 얻는 것은 고사하고, 일정 단계를 넘는 것조차 쉽지 않습니다. 노력하지 않아서, 또는 순수함이나 지혜가 부족하여 어렵기도 하지만 배움과 수행의 중심을 잘 잡지 못하여 계속 이리저리 헤매는 경우도 많이 보아왔습니다.

이는 개인적으로는 자신의 공부를 한계 짓고 적당히 타협하는 모습으로 나타나고, 크게는 자신의 주변 사람들과 자신이 속한 단체를 나락으로 빠트리는 결과를 낳게 됩니다. 위험한 사람들 주변에 있을 수 있으니 조심해야 합니다. 사람과 금수가 다른 점은 동물은 지능과 지식과 지혜와 깨달음이 없다는 것입니다.

- 大山 -

174. 맹호출림 猛虎出林

맹호출림
(猛 : 사나울 맹 虎 : 호랑이 호 出 : 나갈 출 林 : 수풀 림)

― 사나운 호랑이가 숲에서 나온다는 뜻으로 맹렬하고 빠른 기세 또는 그러한 위엄을 보이는 사람을 비유하는 말입니다.

맹호출산(猛虎出山), 맹호이산(猛虎离山), 맹호하산(猛虎下山), 맹호심산(猛虎深山) 등과 같은 말입니다. 대표적인 맹수인 사나운 호랑이의 모습에 비유하여 두려운 기세의 존재를 뜻합니다.

명(明)나라 때 장편소설 '봉신연의(封神演義)'에는 주무왕(周武王)이 군사를 일으켜 8백 제후들과 연합해 은주왕(殷紂王)을 정벌하는 장면에 다음과 같은 구절이 나옵니다.

북을 우레와 같이 울리고 군사들은 깃발을 휘두르며 주왕을 벌하러 꺾으러 다가가니 수많은 이들이 사나운 호랑이가 산에서 나오듯 하였다.
[花腔鼓擂如雷震, 御林軍展動旍旛; 罪紂王摧殘漸漸, 衆門人猛虎出山].

여기서는 세상을 어지럽히는 폭군인 은나라 주왕을 처단하기 위해 힘을 합친 연합군의 용맹스런 사기와 위세를 맹호에 비유하고 있습니다. 당장이라도 달려들 듯 맹렬한 기세로 위압감을 주는 상대를 가리켜 맹호출림이라고 합니다.

- 大山 -

175. 박주산채 薄酒山菜

'변변하지 못한 술과 나물이란 뜻으로 소박한 음식을 비유하는 사자성어.
일반적으로 손님을 접대할 때 차린 것은 많이 없지만 이란 표현과 유사한 표현'

질이 떨어지는 술과 고기 한 점 없는 나물 반찬.
참 소박한 상이죠. 그래서 손님을 접대할 때 자신이 마련한 술상을 낮추어 부르는 말입니다. "차린 건 없지만 많이 드세요."라고 할 때 이 박주산채라는 말로 유식을 뽐 내셔도 좋을 것 같습니다. 박주산채는 명필로 유명한 한석봉의 시조에도 나옵니다.

그 시조를 한번 음미해 보십시오.

짚방석 내지 마라
낙엽엔들 못 앉으랴
솔불 켜지 마라
어제 진 달 돋아 온다.
아해야 박주산채 일망정
없다 말고 내어라.

331

낙엽 위에 앉아서 달빛을 벗 삼아 소박한 술상을 친구와 나누는 정경이 그림처럼 떠오릅니다. 한석봉은 넉넉지 않은 삶 속에서도 소박하게 풍류를 즐기고 있습니다. 낙엽 위에 앉으면 된다는 것은 맨바닥에 앉아도 되는데 굳이 짚방석을 낼 필요가 없다는 말이겠지요.

코로나19로 인해 친구와 한 잔 하기도 힘듭니다. 산해진미 다 필요 없습니다. 그저 마음 가는 친구와 마주 앉아 소박하게 박주산채로라도 이야기 나누고 싶습니다.

- 大山 -

176. 화호화구 畵虎畵狗

후한서 (後漢書)

"호랑이를 그리려다 개를 그린다".
"호랑이를 그려라 하였는데 개를 그렸다"는 말입니다.

한나라 광무제 때 마원이란 명장이 "마치 호랑이를 그리려다 잘못 그리면 개를 닮게 되는 것 (畵虎不成反類狗)과 같다."고 했습니다.

차근차근 실현 가능한 것부터 한 발짝 나아가는
牛步千里(우보천리) 소걸음의 자세가 필요한 때입니다.

꿈은 멀리 보고
실천은 앞을 보는
자세가 필요합니다.

- 大山 -

177. 머무를 곳을 안 뒤에야

知止而後有定,
定而後能靜,
靜而後能安,
安而後能慮,
慮而後能得

—

머무를 곳을 안 뒤에야 정함이 있고,
정해진 뒤에야 고요할 수 있고,
고요한 뒤에야 편안할 수 있고,
편안한 뒤에야 생각할 수 있고,
생각한 뒤에야 얻을 수 있다.

- 大學 -

信言不美 美言不信 (신언불미 미언불신)
진실한 말은 아름답지 않고
아름다운 말은 진실하지 않다.

善者不辯 辯者不善 (선자불변 변자불선)
선한 자는 변론하지 않고
변론하는 자는 선하지 않다.

- 老子 -

진실은 포장하지 않아도
그 아름다움이 다 드러납니다.

선한 자는 굳이 변론하지 않아도
올바름을 인정받을 수 있습니다.

진실하지 않기에 포장하려 하고
올바르지 않기에 변론하려 합니다.

– 大山 –

대산금오록

천년의 진리를 세상에 전할 177가지 비책

————

1판 1쇄 인쇄_ 2023년 10월 30일
1판 1쇄 발행_ 2023년 11월 2일

지은이_ 김중대
펴낸이_ 조양제
펴낸곳_ 어진책잇所
편   집_ 조양제
교   정_ 조윤철, 박용득
디자인_ 박용득
마케팅_ 어진

등록_ 2023년 2월 14일 (제141-56-00652호)
주소_ 강원특별자치도 원주시 남원로 527번길 42(명륜동) 203호
전화_ 010-5715-3384
팩스
전자우편_ chocopy@naver.com
찍은 곳_ 재영 P&B

※ 가격은 뒷표지에 있습니다.

ISBN 979-11-984240-1-3